O TAO DA EDUCAÇÃO

A filosofia oriental na escola ocidental

Dados Internacionais de Catalogação na Publicação (CIP)
(Câmara Brasileira do Livro, SP, Brasil)

Lima, Luzia Mara Silva
  O Tao da educação: a filosofia oriental na escola ocidental / Luzia Mara Silva Lima. – São Paulo: Ágora, 2000.

  Bibliografia
  ISBN 978-85-7183-719-5

  1. Educação – Filosofia 2. Educação – Finalidades e objetivos 3. Filosofia oriental 4. Kung-fu 5. Tai chi chuan 6. Tao I. Título.

00-2514   CDD-370.1

Índice para catálogo sistemático:
1. Educação: Aplicação da filosofia oriental   370.1

Compre em lugar de fotocopiar.
Cada real que você dá por um livro recompensa seus autores
e os convida a produzir mais sobre o tema;
incentiva seus editores a encomendar, traduzir e publicar
outras obras sobre o assunto;
e paga aos livreiros por estocar e levar até você livros
para a sua informação e o se entretenimento.
Cada real que você dá pela fotocópia não autorizada de um livro
financia um crime
e ajuda a matar a produção intelectual de seu país.

O TAO DA EDUCAÇÃO

A filosofia oriental na escola ocidental

Luzia Mara Silva Lima

ÁGORA

O TAO DA EDUCAÇÃO
A filosofia oriental na escola ocidental
Copyright © 2000, by Luzia Mara Silva lima

Capa: **BVDA – Brasil Verde**
Editoração eletrônica: **JOIN Bureau de Editoração**

1ª reimpressão

Editora Ágora
Departamento editorial
Rua Itapirucu, 613 – 7º andar
05006-000 – São Paulo – SP
Fone: (11) 3872-3322
Fax: (11) 3872-7476
http://www.editoraagora.com.br
e-mail: agora@editoraagora.com.br

Atendimento ao consumidor
Summus Editorial
Fone: (11) 3865-9890

Vendas por atacado
Fone: (11) 3873-8638
Fax: (11) 3873-7085
email: vendas@summus.com.br

Impresso no Brasil

para Helder

AGRADEÇO

...aos meus pais, Amaury e Ivany, porque me ensinaram as três coisas mais importantes que existem na vida: amar, amar e amar;

...ao amigo e companheiro, Helder, a quem admiro profundamente e com quem tenho o prazer de compartilhar, intensamente, o *Tao da Vida*;

...aos meus irmãos, com quem aprendi que "é dividindo que se multiplica", e a toda a minha maravilhosa família, pelo carinho, pela torcida e pela delícia que é "con-(vocês)-viver";

...às árvores do quintal onde passei a infância, pela amizade incondicional, pela cumplicidade, pela doação ilimitada e pelo sentimento de ecologia que lhes roubei;

...aos alunos da 5ª C/96, com os quais vivi uma das mais encantadoras experiências como educadora. E à escola, pela maneira "desarmada" como acolheu a proposta desta pesquisa;

...ao educador que tem me encaminhado e, comigo, caminhado: meu orientador, Sérgio Goldenberg. Por ter acreditado que até em pedras nascem flores, meu eterno "obrigada";

...ao co-orientador desta pesquisa, Ademir De Marco, pela amizade, pela confiança, pelo carinho, pela paciência e pelo exemplo de profissional que representa para mim;

...aos ancestrais de todos os povos da humanidade, pela imensa sabedoria que nos deixaram;

...à Confederação Brasileira de Kung Fu, por meio da qual tive a magnífica oportunidade de representar várias vezes o Brasil;

...às Escolas e Faculdades "Padre Anchieta" de Jundiaí, pelo apoio à coleta de dados desta pesquisa, na China;

...aos professores e funcionários das faculdades de Educação e Educação Física da Unicamp, pelo apoio em todos os momentos, principalmente naqueles mais decisivos;

...ao querido Nando, meu ex-aluno de kung fu em São Paulo, pelos desenhos da apostila que se encontra no anexo deste livro;

...a todos os membros da Associação de Artes Marciais e Terapêuticas Chinesas, por tudo quanto venho ensinando, aprendendo e compartilhando com vocês;

...a todos os que participaram na elaboração deste livro. Sua ajuda não tem preço — tem valor;

...a todos os que participaram da minha vida, cuidando bem dela, para que eu cuidasse bem deste livro;

...a você que, por qualquer motivo, está folheando este livro, pois, neste momento, somos fios entrelaçados da infinita "Rede da Vida".

O Ocidente não será capaz de viver indefinidamente desagregado de uma parte importante de si mesmo, de uma parte construída a partir de fragmentos de uma história espiritual, de um significado e de uma mensagem que é incapaz de decifrar. Mais cedo ou mais tarde, o diálogo com os "outros" — os representantes das culturas asiáticas tradicionais ou "primitivas" — terá de ser levado a efeito, não mais na linguagem empírica e pragmática dos dias de hoje (que só é capaz de descrever as circunstâncias sociais, econômicas, políticas, de saúde etc.), mas numa linguagem cultural apta a dar expressão às realidades humanas e aos valores espirituais. Esse diálogo é inevitável; está escrito no livro do destino da história e seria de uma inocência trágica imaginar que ele pode continuar a ser indefinidamente perseguido no nível mental, tal como hoje se dá.

Mircea Eliade. *In: Shamanism*

SUMÁRIO

Prefácio 13

PARTE I

Introdução 19

Trilhando caminhos 23

Caminhar para quê? 37

Aproximando Oriente e Ocidente 39

A percepção de uma realidade em mudança 43

De volta para o todo. 48

Saúde e harmonia na educação 50

Os quocientes. 53

Conteúdos conceituais, procedimentais e atitudinais 58

Além dos quocientes — além dos conteúdos 61

No Ocidente: Princípios de ecologia 65

    Fluxo contínuo 65

    Feedback 66

    Auto-regulação. 66

    Auto-organização. 67

    Flexibilidade e diversidade 70

No Oriente: Tao, Yin e Yang 71

    Tao. 73

    Yin e Yang 76

Em busca de um equilíbrio dinâmico 80
Pequenas mudanças — grandes alterações 83
O ponto de mutação 87
O domínio *Yang* na educação 90
A ciência da motricidade humana em sua
     visão pedagógica 96
Da educação física para a educação motora 100
A educação motora e os esportes 103
Kung fu: uma proposta de educação motora 105
Caracterizando o kung fu 109
Um pouco de história 116
Subdivisões do kung fu 125
O kung fu no atual cenário esportivo e acadêmico 127

PARTE II

O tao da educação na academia 133
O tao da educação na escola 136
     A 5ª série C 140
O tao da educação nas aulas 147
Algumas conclusões 187
Mais um ponto de mutação 190

Anexo 203
Bibliografia 210

PREFÁCIO

QUANDO O ONTEM E O HOJE PREPARAM O AMANHÃ

Os caminhos de um semeador de idéias e ideais têm dessas coisas. Ao término de uma conferência minha, um rosto dotado de luz própria veio oferecer-me, mais do que seu cumprimento, sua amizade. Foi então que conheci, em linhas gerais, este texto que acabo de saborear em seus detalhes. *O Tao da educação* — pedaço existencial e acurada pesquisa da professora Luzia Mara Silva Lima.

Com o livro que ora prefacio, quero celebrar um momento novo, cujas cores se pintam num horizonte bastante animador. Com o Tao, vejo-me remetido a Lao-Tsé, o qual muito antes da era cristã antecipara-se a Heidegger afirmando que a *vida* — de cada um ou de toda a humanidade — é um caminho que cumpre percorrer. Quanto mais sábio o percurso, maior a realização; quanto mais negligente a jornada, menos feliz. "Ninguém pode caminhar por mim o meu caminho; ninguém pode sentir por mim a minha dor ou por mim morrer a minha morte", ensinava Lao-Tsé, lembrando também que nossas alegrias plenas e realizações nunca nos podem ser roubadas.

Maurice Merleau-Ponty, filósofo contemporâneo, observa: "Somos um corpo como forma de presença do mundo". Note-se que, respeitando os caminhos de fé de seus leitores, o pensador não escreve que "Somos *apenas* um corpo como forma de presença do mundo"; somente sua frase incisiva sublinha que, enquanto viventes, não *temos* um corpo (visão de instrumentalidade), mas *somos* um corpo, o qual é a pré-história do conhecimento e das emoções.

Tais convicções e afins, quando trazidos para o campo educacional, assumem importância muito especial, pois a história do Ocidente mostra um fazer educacional intelectualista demais, exatamente porque demasiado cartesiano. Alunos e alunas sentem-se como uma cabeça numa bandeja, num horrível pesadelo de tetraplegia intelectual. Quando agora vemos que a educação, por meio de figuras ímpares como Luzia Mara, volta a lembrar-se dos corpos dos alunos sem qualquer coopção com a *corpolatria* das academias comerciais e das malhações, temos mesmo é que celebrar.

A professora Luzia Mara nos traz, da mais vetusta e respeitável sabedoria oriental, o t'ai chi chuan, que ensina ser a sintonização com os movimentos naturais do corpo a verdadeira porta para a iluminação interior. Assim, o corpo é o Tao para a alma — coisa de todo alheia à educação cartesiana. Envereda, então, a autora aqui prefaciada, em um campo de sua muita competência, que é a arte marcial do kung fu; e, o que é melhor, desmistifica as visões hollywoodianas infantilóides, trazendo-nos o arcabouço educacional que existe de fato na milenar arte marcial chinesa.

Luzia Mara recupera esta forma de educação da Antigüidade remota, fazendo-a, no entanto, confluir com os ideais mais contemporâneos de uma realidade educacional que quer preparar uma era nova e menos obscurantista. Algo que, guardando toda a seriedade, se põe como alternativa principalmente ao obscurantismo cientificista ocidental, calçado, vestido e enchapelado num positivismo caquético.

Quisera que os leitores apreciassem o modo simples com o qual Luzia Mara expõe suas idéias, pois o próprio Descartes disse: "Quem pensa com clareza diz com simplicidade". Não se espere, deste importante livro, pirotecnias eruditivas — muito embora sua tessitura seja excelente; nem se queira que ombros jovens como os da professora Luzia tenham que carregar o peso descomunal de uma obra-prima. Os verdadeiros heróis da educação trazem ótimas contribuições à edificação do pedagógico, com as roupas suadas e sujas dos pedreiros. E os pseudo-heróis ficam em seus gabinetes perfumados produzindo ornamentos dispensáveis.

Eis um livro feito de generosidade e conhecimento. Nos trabalhos relatados e apresentados em fotos, vemos o cristalino entusiasmo que o senso de fraternidade humana propicia ao profissional; com isto imaginamos que Luzia Mara não terá, quando for tempo disto, o envelhecimento tedioso dos burocratas da educação.

Dada que me foi a honra de apresentar este livro, quero desejar que seus leitores o degustem com a alegria que me envolveu ao lê-lo. Com mente e coração abertos, livres dos preconceitos do cientificismo atual, será mais fácil acolher os excelentes ensinamentos da jovem professora Luzia Mara.

O corpo é o Tao para a alma; e a educação deve cumprir seu Tao para o enobrecimento humano. Disse Sêneca, na Roma Antiga: "Nobre é aquele que come em pratos de ouro como se fossem de barro, e em pratos de barro como se fossem de ouro". A Educação precisa vir a ser o caminho para essa nobreza.

J. F. Régis de Morais
Filósofo, antropólogo,
livre-docente do Instituto
de Filosofia da Unicamp
e da Puc-Campinas.

Professora
Sentiremos saudade
das suas aulas
5ª

PARTE I

INTRODUÇÃO

Ano 2000.

Face a face com o terceiro milênio, vivemos hoje as conseqüências de um século marcado por revoluções das mais diversas naturezas, que vão das meras contestações pessoais e individuais às grandes mutações ocorridas nas sociedades, nas ciências, no planeta e no cosmo. Gradativamente, o Ocidente questiona o paradigma cartesiano e dicotômico de universo, deixando de considerá-lo como um amontoado de partes, passando a vê-lo "como um todo harmonioso e indivisível, uma rede de relações dinâmicas que incluem o observador humano e sua consciência de modo essencial"[1].

Se transportarmos esta concepção para o cotidiano da pesquisa científica, perceberemos que observador e observado, pesquisador e pesquisado são componentes indivisíveis e inseparáveis de um mesmo todo harmonioso e dinâmico. Em outras palavras, *aquilo* que se observa depende *daquele* que observa. Entretanto, é comum que o pesquisador (aquele que observa) esconda-se nas entrelinhas de seus textos (relato daquilo que se observa). Se o leitor quiser identificar a formação ou a personalidade do autor, provavelmente terá de ler a maioria de suas obras. Neste livro, ao contrário, há a necessidade da prévia identificação de nossa construção acadêmica e pessoal. Aos 32 anos de idade, constatamos que, por mais breve que tenha sido esta construção, foi ela que impulsionou e deu forma à pesquisa que aqui será relatada. Assim, peço licença ao leitor e ao rigor acadêmico para falar um pouco como primeira pessoa e sobre a primeira pessoa: eu, Luzia Mara.

---

1. Capra, Fritjof. *O ponto de mutação*. São Paulo, Cultrix, 1994a, p. 44.

A Educação sempre foi fascinante para mim. Aos quinze anos de idade, assumi minha primeira classe (um maternal) e, embora tivesse me envolvido com outras áreas e profissões, o magnetismo do "educar" me atraiu tanto quanto um potente ímã atrai um grampo de cabelo. E por aí fui. Magistério, pedagogia, psicopedagogia, psicodrama pedagógico, mestrado em psicologia educacional, palestras, congressos, oficinas, cursos...

Ingressei no doutorado, em 1995, com o projeto de continuar a temática do mestrado: Análise Funcional do Comportamento. Paralelamente à vida acadêmica, dedicava-me de forma intensa ao estudo da filosofia oriental, principalmente ao pensamento chinês e ao kung fu. Da perseverança nos estudos e na prática resultaram vários títulos: tetracampeã brasileira (de 1992 a 1995), campeã internacional (Los Angeles-EUA/1993), campeã sul-americana (Lima-Peru/1994), dentre outros.

Esse *background* levou-me a pensar: "Por que não aproveitar a oportunidade do doutorado para ouvir o discurso da Faculdade de Educação Física da Unicamp?". Para meu espanto, aquilo que lá ouvi traduzia, em outras palavras, tudo o que eu, há anos, já estava vivendo e que havia sido abordado pelos orientais cerca de cinco mil anos atrás! As reflexões que lá fazíamos foram aproximando, pouco a pouco, minha vida profissional e pessoal. O resultado foi a mudança da temática da pesquisa, de "Análise Funcional do Comportamento" para "Filosofia Oriental".

Justamente naquela época (agosto de 1995), conquistei uma medalha de ouro no IV Campeonato Mundial de Kung Fu, ocorrido durante a comemoração dos 1500 anos de fundação do Templo de Shao Lin, na China — berço dessa arte. A viagem tornou-se muito mais um riquíssimo banco de coleta de dados do que a conquista do título mundial ou de mais um item para acrescentar à minha carreira esportiva.

A partir de então, cada momento vivido trazia uma nova descoberta e uma nova inquietação. Aprender chinês, por exemplo, não foi apenas prazeroso. Nos primeiros meses, era impossível ter a mínima idéia do significado de qualquer coisa que eu ouvisse ou tentasse ler. Todos os meus paradigmas lingüísticos precisaram ser quebrados para que eu pudesse, da estaca zero, aprender som por som, traço por traço. Zero mesmo! A direção do traço, a pressão do lápis no papel, a proporcionalidade dos ideogramas, a posição da língua durante o movimento da boca, a entonação e a quantidade de ar exalado na pronúncia de um simples "pa", tudo teve de ser aprendido novamente. Colocar-me no lugar de crianças que têm dificuldades severas de aprendizagem foi um exercício de humildade e uma experiência simplesmente magnífica!

Na verdade, este livro é a junção de minha vida pessoal à minha vida acadêmica. Ter passado o ano de 1996 ensinando os princípios básicos (teóricos e práticos) do kung fu a um grupo de alunos de uma escola pública da periferia de Jundiaí foi, antes de tudo, uma das experiências mais gratificantes de que me lembro. Foi numa quadra pobre e descoberta que me realizei. Em cada um daqueles alunos, vi a "prática da teoria", e vi, principalmente, as imensas possibilidades de uma proposta, com suas também imensas limitações.

Considerando que a tradução mais conhecida da palavra chinesa *Tao é caminho*, em *O Tao da educação* traço um caminho pelo qual pode fluir a educação no terceiro milênio, unindo o Pensamento Chinês, a Ecologia Profunda e a Ciência da Motricidade Humana. Em seu teor, revelo também o meu próprio caminhar pela educação, tendo como instrumento a Arte Marcial. A você, convido-o a caminhar comigo pelo Tao da Educação, utilizando, a cada passo, os seus próprios instrumentos.

Ao caminhar, você descobrirá que "a consciência" (que não é nada nova) pode ser acessada através não apenas da Arte Marcial, mas também da matemática, da culinária, da geografia, da jardinagem, da história, da pintura...

TRILHANDO CAMINHOS

Problemas, necessidades, limites, possibilidades...

A educação é um campo vasto e intrigante para aqueles que têm *avidez em procurar* e *satisfação em descobrir*. Diante das inúmeras dificuldades encontradas neste caminho, aqueles que têm avidez em procurar alternativas ocupam-se mais em *investir no tempo* para fazer alguma coisa do que em *gastar o tempo* para reclamar das coisas. Daí, a satisfação em descobrir novos caminhos torna-se incalculável. É claro que, detectando falhas no sistema educacional, temos a possibilidade de, no mínimo, não repeti-las. Entretanto, apenas não repetir erros não assegura a melhoria de um processo. O fato de algo ter sido bem-sucedido até determinado momento não significa necessariamente que continue tendo êxito no decorrer do tempo. Os problemas educacionais (como a falta de recursos, a repetência, a evasão, o descaso das autoridades e tantos outros) não restringem as possibilidades de ação. Pelo contrário, dão margem à imaginação e instigam a busca de novos caminhos, novas soluções, novas propostas, novas perspectivas.

Mas, se o campo é tão vasto, o que leva uma pesquisa a uma direção, em detrimento de outras? Na grande maioria das vezes, o direcionamento é dado pela visão particular de homem e mundo do próprio pesquisador — esse é o pano de fundo que permeia toda a sua produção. No meu caso, vejo homem e mundo como processos indivisíveis e interdependentes, integrantes de uma mesma e intricada rede de relações universais.

Isso sabemos.
Todas as coisas estão ligadas
como o sangue
que une uma família...
Tudo o que acontece com a Terra,
acontece com os filhos da Terra.
O homem não tece a teia da vida;
ele é apenas um fio.
Tudo o que faz à teia,
ele faz a si mesmo.

— Ted Perry, inspirado no Chefe Seattle[2]

Este pequeno texto sintetiza um dos pilares teóricos que sustentam minhas proposições. Trata-se da "Ecologia Profunda"●, um paradigma que ressalta a interdependência fundamental de todas as coisas que, por sua vez, estão encaixadas nos seus ambientes natural e social, seguindo os processos cíclicos da natureza. Todo e qualquer ser vivo tem seu valor intrínseco, sendo a espécie humana apenas um dos fios da enorme teia da vida.

Ao redor do mundo, estão se consolidando vários movimentos que manifestam essa visão[3]. São coalizões que buscam a melhoria da qualidade de vida em geral, movimentos ecológicos de toda ordem, movimentos feministas, estudantis e, inclusive, propostas de modificações na educação dos cidadãos deste novo milênio. Identificam-se como tendo uma visão "holística" (do grego, *holos*: todo), pois concebem o mundo como uma totalidade funcional integrada, e não como uma série de partes dissociadas, dicotômicas. Outras vezes, identificam-se como tendo uma visão "ecológica" (do grego, *oikos*: casa, lar),

---

2. Capra, Fritjof. *A teia da vida: uma nova compreensão científica dos sistemas vivos.* São Paulo, Cultrix, 1997, p. 9.

● Termo cunhado pelo filósofo norueguês Arne Naess.

3. Veja "Manifesto dos povos indígenas". *In*: Arrien, Angeles. *O caminho quádruplo: trilhando os caminhos do guerreiro, do mestre, do curador e do visionário.* São Paulo, Ágora, 1997. Veja, também, "Declaração de Veneza". *In*: Crema, Roberto. *Introdução à visão holística: um breve relato de viagem do velho ao novo paradigma.* 4ª ed. São Paulo, Summus, 1989.

que significa o estudo do Lar Terra, ou a ciência das relações entre o organismo e o mundo circunvizinho.

Toda essa maneira de pensar o mundo reflete uma percepção espiritual ou religiosa da realidade, "semelhante às visões dos místicos de todas as épocas e tradições"[4]. Se nós, seres humanos, considerarmos que o universo é um todo interligado e agirmos segundo esse princípio, não estaremos fazendo nada mais do que expressar a essência da palavra "religião" (do latim, *religare*: ligar fortemente).

Aqui, adoto o termo "ecologia", referindo-me à "Ecologia Mental", que, segundo Morais:

> ... ainda está se definindo, mas já se caracteriza pela preocupação com as toneladas de lixo mental acumuladas em nossa psicosfera, reivindica a reunião do individual e do coletivo, bem como uma abertura a contribuições até aqui discriminadas como os estudos dos processos mentais e a investigação não preconceituosa das energias psi[5].

Investigações desta natureza exigem uma mudança radical quanto ao papel dos seres humanos no ecossistema planetário. Para alguns, trata-se de uma tomada de consciência. Para outros, uma mudança de consciência. Para mim, uma "retomada" de consciência, porque a estrutura filosófica e espiritual desta visão não é inteiramente nova — ela foi exposta várias vezes ao longo da história humana, principalmente pelas tradições místicas/religiosas que vêem e pensam o humano como um ser em perfeita integração com o universo.

O aluno, segundo essa visão, deve ser visto como um ser humano completo, dotado de ações, sentimentos e pensamentos próprios, em suas dimensões individuais: motrizes, afetivas e cognitivas; um ser complexo, que está em relação de interdependência com o mundo que o cerca, pois, ainda que suas dimensões individuais possam ser identificadas e analisadas separadamente, ele não pode ser descartado de seu contexto social e cultural, nem compreendido a partir de uma somatória de partes.

---

4. Capra, Fritjof. *O ponto de mutação*, *op. cit.*, p. 13.

5. Morais, João Francisco Régis de. *Ecologia da mente*. Campinas, Editorial Psy, 1993, p. 10.

Sob tal perspectiva, o papel nem sempre óbvio do educador (que é educar) deve ter uma amplitude bem maior do que levar o aluno à aprendizagem, transmitir conhecimentos ou preparar para uma futura profissão. Educar é propiciar condições favoráveis para que o aluno se mova rumo ao desenvolvimento consciente de todas as suas potencialidades. Condições essas que se encontram mais na relação educador-educando do que no meio ambiente objetivo (material didático e de apoio pedagógico, infra-estrutura do prédio, acesso aos meios de comunicação, tecnologia, dentre outros). O papel do professor centra-se na relação entre ele e o seu aluno — é interagindo com a classe que ele poderá viabilizar o "movimento" de ambos (professor e alunos) rumo ao desenvolvimento.

O próprio termo "inter-ação", por si só, sugere movimento. Isto não significa, obviamente, que professor e alunos devam "deslocar seus corpos no espaço e no tempo". O movimento sugerido pela interação manifesta-se como uma "conduta motora", definida por Manuel Sérgio[6] como o comportamento motor dotado de significação, de intencionalidade, de consciência clara e expressa, e que manifesta um dinamismo integrador e totalizante entre o inter e o intrapessoal. A conduta motora seria "veículo" por meio do qual a consciência se manifesta. Assim, as pessoas externalizam o mundo interno, simbólico, para o mundo observável, concreto. Enquanto o movimento mecânico exige o controle muscular, a conduta motora exige a *tomada de consciência*. Tomar consciência, para Manuel Sérgio, é:

> ...dar-nos conta dos limites enormes, que nos condicionam. E assim, "desesperadamente inadaptado", de uma flagrante mediocridade biológica, surpreende que o homem haja resistido e não tenha sido extinto, nos seus primórdios, pela saraivada de contrariedades com que a Natureza adversa o assaltou. Ora, tal não sucedeu, porque o homem é um ser práxico. *Enquanto o animal já exibe, logo ao nascer, os recursos biológicos, que lhe garantem a existência, o homem não desaparece irremediavelmente porque é ele a criar, em labor empolgante, arrebatador, as razões e as condições da sua existência*[7]. (Grifo meu.)

---

6. Manuel Sérgio. *Epistemologia da motricidade humana*. Lisboa, Edições FMH, s/d, p. 161.

7. *Idem, Motricidade humana — uma nova ciência do homem!*. Lisboa, Desporto, s/d, p. 8.

Ao tomar consciência de sua limitação, a pessoa é como que empurrada à práxis — conduta motora, criadora e determinante de seu próprio existir. Como afirma Manuel Sérgio, o ser humano "... supera as suas carências, agindo!"[8]. Exatamente por ser carente e práxico, dotado de inteligência inventiva e de linguagem, é que, ao ser humano, é possível criar um mundo que animal nenhum jamais alcançaria. Ao mover-se, física ou mentalmente, o aluno pode vir a tomar consciência de si mesmo e do meio em que vive.

Segundo Piaget[9], a tomada de consciência é um processo gradativo, uma construção que se dá em vários níveis de significação da realidade. Para ele, uma enorme parte das atividades cognitivas de uma pessoa "permanece inconsciente quando a ação é bem-sucedida e que a tomada de consciência é bem posterior à própria ação"[10]. Isso quer dizer que uma pessoa só toma consciência de algo quando esta tomada se torna necessária.

Também Paulo Freire abordou a questão da tomada de consciência ao tratar do processo de "conscientização"[11]. Segundo o autor, numa primeira aproximação espontânea que o homem faz do mundo, a realidade se dá a ele como objeto cognoscível por sua consciência ingênua. Assim é que ele apreende o mundo. A conscientização consiste no desenvolvimento crítico dessa tomada inicial de consciência ou dessa primeira apreensão da realidade. É a consciência crítica que nos permite romper com as condições petrificadas ideologicamente, colocando-nos em constante busca de emancipação. Assim ele escreve:

A conscientização é, neste sentido, um teste de realidade. Quanto mais conscientização, mais se "des-vela" a realidade, mais se penetra na essência fenomênica do objeto, frente ao qual nos encontramos para analisá-lo. Por esta mesma razão, a conscientização não consiste em "estar frente à realidade" assumindo uma posição falsamente intelectual. *A conscientização não pode existir fora da "práxis"* ou, melhor, sem o ato

---

8. Manuel Sérgio. *Motricidade humana: uma nova ciência do homem!*, *op. cit.*

9. Piaget, Jean. *A tomada de consciência*. São Paulo, Edusp, 1978, p. 9.

10. Bringuier, Jean-Claude. *Conversando com Jean Piaget*. 2ª ed. Rio de Janeiro, Bertrand Brasil, 1993, p. 124.

11. Freire, Paulo. *Conscientização: teoria e prática da libertação: uma introdução ao pensamento de Paulo Freire*. São Paulo, Moraes, 1980.

ação-reflexão. Esta unidade dialética constitui, de maneira permanente, o modo de ser ou de transformar o mundo que caracteriza os homens[12]. (Grifo meu.)

Ora, enquanto Paulo Freire afirma que "a conscientização não pode existir fora da práxis", Manuel Sérgio destaca o movimento de busca incessante de transcendência, e Piaget lembra que, para que haja uma tomada de consciência, é necessária a intervenção de atividades especiais das quais depende e as quais, por conseguinte, se torna capaz de modificar[13]. Em todos esses posicionamentos, ação e reflexão, pensamento e ação estão em igual destaque. Daí a importância da participação ativa do professor — suas mediações intervêm no processo educativo, a partir do momento em que ele interage com seu aluno e propõe atividades reflexivas e construtivas, que viabilizam a tomada de consciência daquele foco de atenção e/ou, na mais complexa instância, do próprio universo.

Quanto mais uma pessoa toma consciência de si mesma, maior é seu nível de integração intra e intersubjetiva. Quanto mais integrada uma pessoa é, mais próxima ela se encontra de atingir o nível máximo de seu potencial. Mas, pergunto: "Uma pessoa, em algum momento, pode atingir seu potencial máximo?". A resposta claramente é: "não". Segundo o princípio da mutação, o ser humano está sempre "em processo", por isso, haverá sempre um nível potencial além para atingir. Coerente seria dizer que a pessoa, naquele instante, diante daquelas circunstâncias específicas, atingiu o máximo possível — o que não significa que suas realizações não possam ser maximizadas. É como acontece quando avisto um ponto na linha do horizonte. Se caminho até ele, percebo que a linha continua distante e que haverá sempre um novo ponto a ser atingido. Educar é assim. É uma caminhada tão infinita quanto a de tentar alcançar um ponto na linha do horizonte. A Ciência da Motricidade Humana, proposta por Manuel Sérgio, trata exatamente da infinita caminhada humana:

> A motricidade humana, como ciência autônoma, estuda o ser humano no movimento da transcendência. Fenomenologicamente, o anseio da

---

12. Freire, Paulo. *Conscientização: teoria e prática da libertação...*, op. cit., 1980, p. 26.

13. Piaget, Jean. *A tomada de consciência*, op. cit.

transcendência dá sentido ao movimento. Cada um de nós é um ente que, ao pretender transcender e transcender-se, se sabe contingente, limitado, mas capaz de ser mais[14].

Essa abordagem também admite que o ser humano está "em processo de", "em relação a". Não há movimento pelo movimento, senão movimento marcado de consciência e intencionalidade. Ao pretender transcender e transcender-se, a pessoa se vê capaz de "ser mais", tentando sempre "alcançar um novo ponto na linha do horizonte".

A Educação Motora, ramo pedagógico da Ciência da Motricidade Humana, objetiva o desenvolvimento das faculdades motrizes imanentes no indivíduo, por meio da "experiência, da autodescoberta e da autodireção do educando, abrindo-o a um dinamismo intencional, criativo e prospectivo"[15]. Deixa de lado, assim, as práticas corporais que buscam o "saber fazer", dando lugar para o "saber ser". Isto implica tomar consciência de si mesmo e do universo, partindo da "consciência corporal" para chegar à "consciência cósmica", "sistêmica", "holística", "universal" ou, por que não, "consciência ecológica".

Aqui vale um alerta: a "consciência corporal", à qual me refiro, não pode ser confundida com o mero conhecimento das partes do corpo e de suas respectivas funções, pois:

> ... aquilo que define a Consciência Corporal do Homem é a sua compreensão a respeito dos signos tatuados em seu corpo pelos aspectos socioculturais de momentos históricos determinados. É fazê-lo sabedor de que seu corpo sempre estará expressando o discurso hegemônico de uma época e que *a compreensão do significado desse "discurso", bem como de seus determinantes, é condição para que ele possa vir a participar do processo de construção do seu tempo* e, por conseguinte, da elaboração dos signos a serem gravados em seu corpo[16]. (Grifo meu.)

A via do corpo é uma das maneiras pelas quais podemos atingir níveis mais integrados de consciência. Há outras, admito, mas aqui

---

14. Manuel Sérgio. *Epistemologia da motricidade humana, op. cit.*, p. 15.
15. *Idem, ibidem.*
16. Castellani Filho, Lino. *Educação física no Brasil: a história que não se conta.* 3ª ed. Campinas, Papirus, 1991, p. 221.

me posiciono em favor da trajetória consciência corporal ⇨ consciência ecológica.

Atualmente (e cada dia mais), estudos sobre atividades motoras contemplam a consciência corporal, imprimindo um significado mais crítico/reflexivo às propostas ligadas à motricidade humana (Bertherat, 1983; Schutz, 1989; Freire, 1991; Souza, 1992; Moreira, 1993; Gonçalves, 1994; De Marco, 1995; Lima, 1997; Oliveira, 1997). Ao me aprofundar nesses estudos, percebi que tanto os conceitos da Ecologia Profunda quanto os da Ciência da Motricidade Humana são compatíveis com grande parte do milenar pensamento chinês☯, ainda que este tenha sua gênese situada numa época e numa cultura bastante diferentes.

No pensamento chinês, o ser humano — integrante do universo — é tão importante quanto um inseto, uma montanha, o ar, as estrelas... Cada qual tem seu papel a desempenhar nos ciclos pelos quais passa o universo. Ao dar a si mesmo importância superior à dos demais integrantes da natureza, colocando-se numa posição dominante, o homem se esquiva da responsabilidade pela manutenção da vida em harmonia consigo mesmo e, por conseguinte, com o mundo. É a harmonia interior que possibilita à pessoa um "agir harmoniosamente"☯☯.

O pensamento chinês baseia-se no profundo modo como os antigos observavam o universo e, a partir dele, atingiam o que eles chamam de "iluminação". Por isso, suas explicações são geralmente baseadas nas relações que ocorrem entre os elementos da natureza, dos quais o homem faz parte. No livro *Zen em quadrinhos*, Tsai Chih Chung utiliza-se de personagens bem-humoradas para transmitir ao público leigo um pouco do pensamento chinês[17]:

☯ Dentro do vasto pensamento chinês, estarei me referindo apenas a alguns conceitos, ligados aos objetivos deste livro: meditação, reencarnação, leis de carma e darma são apenas dos inúmeros conceitos do pensamento chinês que não serão abordados aqui.

☯☯ Será que os chineses estavam se referindo, milhares de anos atrás, às ocorrências que hoje presenciamos em nossa vida cotidiana? Quem de nós desconhece a causa do efeito estufa?

17. Tsai, Chih Chung. *Zen em quadrinhos*. 2ª ed. Rio de Janeiro, Ediouro, 1997a, p. 21.

As "experiências transcendentes" ou "experiências de iluminação" são comentadas por Goleman, ao afirmar:

O que é tão instigante acerca desses momentos é que estamos fora de controle pessoal e, todavia, tudo parece harmonioso e em perfeita ordem. Nessas experiências nós apreendemos, embora normalmente não consigamos articulá-lo, um sentido mais profundo para nossas vidas. O *sine qua non* dessas experiências é que não são mediadas pelo nosso intelecto[18].

"Iluminação" seria a perfeita compreensão dos processos e das relações universais, na qual o corpo, como forma, tem uma participação fundamental. Primeiro, porque para observar o mundo é preciso um observador. Segundo, porque a consciência da forma é o primeiro passo para a consciência da essência (consciência corporal ⇨ consciência ecológica):

> Nas civilizações orientais, as relações do homem com sua corporalidade diferem das da civilização ocidental. Com base nas tradições místicas do pensamento oriental, a experiência do corpo é vista como a chave para a experiência do mundo e para a consciência da totalidade cósmica. O conhecimento do mundo baseia-se na intuição direta da natureza das coisas, *numa relação com o mundo que envolve intensamente o homem como ser corporal e sensível*[19]. (Grifo meu.)

Essa concepção integradora, segundo a qual o "homem é um ser corporal", é uma característica comum do Oriente, onde não se encontra uma rígida divisão entre pensamento e ação, sujeito e objeto, mente e corpo, razão e emoção, e assim por diante.

Já o princípio da mutação, conceituado há milênios pelos chineses, é também encontrado tanto na Ciência da Motricidade Humana (em que o homem é caracterizado como um "projeto", um ser carente e inacabado, que está sempre por atingir sua transcendência rumo ao absoluto[20]), quanto na Ecologia Profunda (em que todos os organismos,

---

18. Goleman, Daniel. *A mente meditativa: as diferentes experiências meditativas no Oriente e no Ocidente.* 5ª ed. São Paulo, Ática, 1997, p. 10.

19. Gonçalves, Maria Augusta S. *Sentir, pensar, agir: corporeidade e educação.* Campinas, Papirus, 1994, p. 16.

20. Manuel Sérgio. *Motricidade humana: contribuições para um paradigma emergente, op. cit.*

como redes interligadas de relações, estão "em constante processo" de declínio ou ascensão). O *I Ching*©, clássico chinês elaborado antes de Cristo, é taxativo ao afirmar que *"o único fator imutável do universo é a própria mutação"*[21].

Como se pode notar, o que faço é traçar paralelos entre o pensamento chinês, a Ecologia Profunda e a Ciência da Motricidade Humana (CMH), tendo a educação como base de sustentação:

Figura 1 — Numa visão ocidental, a representação de paralelos entre as teorias abordadas neste trabalho, tendo a educação como base de sustentação.

Esta figura, que mostra uma concepção linear das coisas, me parece adequada ao modo de pensar ocidental e pode até ser uma

---

© "I Ching", "I Jing", "I King", são diferentes transcrições fonéticas para o mesmo ideograma chinês, assim como "t'ai chi chuan" e "taijiquan".
21. *I Ching: O livro das mutações.* 15ª ed. Tradução e comentários de Richard Wilhelm. São Paulo, Pensamento, 1992.

maneira "didática" de ilustrar a fundamentação teórica deste livro. Porém, quando falo em paralelos, estou na verdade me referindo a correlações, a relações mútuas entre dois termos, a correspondências[22]. Assim, mostrarei pontos de conexão entre as abordagens (conexão: ligação, união, coerência, nexo[23]). Para isso, a educação não pode se posicionar como base de sustentação, algo sólido, delimitado, que fica abaixo — sob os nossos pés. Ela deve ser o pano de fundo das ações educativas, como é representado na figura abaixo:

Figura 2 — Numa visão oriental, a representação de correlações entre as teorias abordadas neste trabalho, tendo a educação como pano de fundo.

---

22. Holanda Ferreira, Aurélio Buarque de. *Novo dicionário Aurélio da Língua Portuguesa.* 2ª ed. Rio de Janeiro, Nova Fronteira, 1986, p. 483.
23. *Idem, ibidem,* p. 450.

Tendo em vista a trajetória consciência corporal ⇨ consciência ecológica, vemos que as artes nascidas no seio do pensamento chinês defendem que o desenvolvimento do ser humano depende também da motricidade, levando-o incessantemente a buscar um apurado estado de consciência universal. É esse "estado de consciência" que lhe possibilita uma melhor compreensão sobre a natureza cíclica dos fenômenos que ocorrem nos mundos interno e externo, atingindo maior equilíbrio. Seja nas artes marciais, meditativas, curativas ou mesmo naquelas mais triviais, como é o caso da culinária, o elemento corporal tem seu papel a ser considerado. Se a Educação Motora, ramo pedagógico da Ciência da Motricidade Humana, visa propiciar ao aluno a tomada de consciência de si mesmo, do mundo que o cerca e, em última análise, do universo, então me parece que as artes chinesas sejam um bom exemplo de educação motora.

Dada minha experiência pessoal, lanço mão do kung fu, pressupondo que esta arte chinesa propicia uma ação educativa coerente com a visão de homem, mundo e educação, apresentada neste livro. Os benefícios advindos dessa arte têm sido comprovados empiricamente há milênios. Ela acompanhou o povo chinês em toda a sua história, modificando-se e evoluindo com o passar dos séculos, sem que suas raízes se perdessem no tempo. Atualmente, é praticada em quase todos os países do mundo, como esporte e como busca de bem-estar. No Brasil, além dos filmes de cinema e de televisão, o kung fu está presente nas academias, nas peças teatrais, nos circos acrobáticos e em vários outros meios de expressão humana. Por não ser uma arte que faz parte de nossa cultura ou de nossa tradição, apresento, aqui, os fundamentos teóricos e técnicos do kung fu, tentando demonstrar como aplicá-lo na educação formal, no cotidiano escolar brasileiro.

É importante ressaltar que esta arte não pode ser considerada apenas como um esporte que exige treinamento de alto nível ou como uma técnica de defesa pessoal, enfocando seu lado puramente "mecânico". Se isto ocorrer, o lado mais importante e diferencial do kung fu, que é o aspecto filosófico, correrá o risco de ficar em segundo plano, invertendo os valores nas artes marciais.

Nos filmes de Hollywood vemos muito bem essa inversão: as técnicas combativas utilizadas nas produções cinematográficas, junto com roteiros completamente desvinculados dos princípios da arte, na maioria das vezes, divulgam de forma errônea seus fundamentos e princípios mais básicos. Plasticamente, a beleza dos movimentos do kung fu é ímpar. Movimentos, todavia, são apenas uma parte dentro de um todo maior — "todo" que os filmes, muitas vezes recordes de bilheteria, raramente se propõem a mostrar.

Nesta caminhada, pretendo destacar do kung fu as contribuições que possam ser trazidas para a tomada de consciência do ser humano e elucidar quais são as influências desta tomada no processo educacional. É necessário, portanto, deixar claro que o enfoque dado ao kung fu difere substancialmente do que é veiculado pela mídia, resumindo-o a exercícios de luta que visam exclusivamente ao confronto entre duas ou mais pessoas. A arte que apresentarei envolve, como em outras artes e esportes ocidentais, fatores psicomotores: ritmo, extensibilidade, coordenação global e fina e assim por diante. Por ter recebido influências da ópera tradicional chinesa e do circo acrobático, permite que a pessoa desenvolva sua expressão corporal. Suas práticas respiratórias e seus exercícios específicos para a manutenção da saúde lhe imprimem característica meditativa e viabilizam fortemente a autopercepção. E é a união desses fatores o que dá ao kung fu o caráter universal de arte e o transforma numa filosofia de vida.

CAMINHAR PARA QUÊ?

Mercado Comum Europeu, Mercosul, Internet, globalização...

Com o desenvolvimento tecnológico e o "encurtamento das distâncias" do planeta, não é possível evitar a união entre Oriente e Ocidente. Ambos, com suas contribuições positivas, compartilham um objetivo maior: a vida em harmonia.

É para buscar essa harmonia que este trabalho caminha. Não é possível continuar educando as mentes em sala de aula, os corpos nas quadras e deixar para o acaso a educação das emoções, da sociabilidade, da percepção, da conscientização...

Nesse sentido, o olhar do professor sobre o processo educativo já está se alterando. Uma visão globalizadora e ecológica, coerente com este novo milênio, tem gradativamente tomado seu lugar de destaque no âmbito educacional. É o caso da atual valorização da interdisciplinaridade, integrando diversas áreas de saber num só contexto.

Na medida em que este livro apresenta uma integração entre educação, educação motora, filosofia e arte, entre a ciência da motricidade humana, a ecologia profunda e o pensamento chinês, posso dizer que não se trata de uma proposta interdisciplinar, mas transdisciplinar — termo usado pela primeira vez por Piaget[24] e definido por Weil como:

---

24. Disse ele [Piaget]: "...enfim, no estágio das relações interdisciplinares, podemos esperar o aparecimento de um estágio superior que seria 'transdisciplinar', que não se contentaria em atingir as interações ou reciprocidades entre pesquisas especializadas, mas situaria essas ligações no interior de um sistema total sem fronteiras estáveis entre as disciplinas". *In*: Weil, D'Ambrosio e Crema, R. *Rumo à nova transdisciplinaridade: sistemas abertos de conhecimento*. São Paulo, Summus, 1993, p. 30.

... o encontro de várias áreas do conhecimento em torno de uma axiomática comum, ou princípios comuns subjacentes. Pode ser parcial, quando conjuga um número limitado de áreas ou disciplinas, ou geral, *envolvendo uma axiomática comum entre ciência, filosofia, arte e tradição de sabedoria.* Essas reflexões circunscrevem-se ao campo da transdisciplinaridade geral, a partir de uma ótica dominantemente psicoantropológica[25]. (Grifo meu.)

Enquanto transdisciplinar, o kung fu é mais uma fonte de pesquisa em educação. Assim, mesmo com evidentes limitações, esta pesquisa pode contribuir para a melhoria de áreas ligadas ao "elemento humano" em seus processos educativos, como empresas, hospitais e academias. Pelo fato de o kung fu estar diretamente relacionado com a educação física, pode ajudar "o desenvolvimento pleno da pessoa, com a formação de uma consciência crítica, com o conceito de cidadania e com o próprio desenvolvimento da consciência corporal, entendendo que o conhecimento do corpo precede a descoberta e a integração do mundo exterior"[26].

Todo esse processo implica tempo de dedicação — aí reside uma grande limitação.

Tenho consciência de que um ou dois anos é tempo suficiente para informar muita gente. Entretanto, para formar uma só pessoa, certamente, será preciso muito mais.

---

25. Weil, D'Ambrosio e Crema, R. *Rumo à nova transdisciplinaridade: sistemas abertos de conhecimento, op. cit.,* 1993, pp. 30 e 132.

26. De Marco, Ademir (org.). *Pensando a educação motora.* Campinas, Papirus, 1995, p. 33.

APROXIMANDO ORIENTE E OCIDENTE

É bastante provável que na história do pensamento humano os desenvolvimentos mais fecundos ocorram, não raro, naqueles pontos onde convergem duas linhas diversas de pensamento. Essas linhas talvez possuam raízes em segmentos bastante distintos da cultura humana, em tempos diversos, em diferentes ambientes culturais ou em tradições religiosas distintas. Dessa forma, se realmente chegam a um ponto de encontro — isto é, se chegam a se relacionar mutuamente de tal forma que se verifique uma interação real —, podemos esperar novos e interessantes desenvolvimentos a partir dessa convergência.

Werner Heisenberg

Quais são as correlações entre o pensamento chinês, a ecologia profunda e a ciência da motricidade humana, tendo a educação como pano de fundo? Como se dá uma ação educativa coerente com a visão resultante dessas correlações? Responder a esses questionamentos implica necessariamente uma mudança de paradigma, ou seja, a alteração de "uma constelação de concepções, de valores, de percepções e de práticas compartilhadas por uma comunidade, que dá forma a uma visão particular da realidade, a qual constitui a base da maneira como a comunidade se organiza"[27].

Para assumir um novo paradigma, precisamos deixar de lado uma série de "pré-conceitos" contidos na tradição científica ocidental, sem, ao mesmo tempo, negarmos as marcas positivas dessa tradição. Porém, quando se trata de abordar as contribuições vindas do Oriente, esses conceitos "preconcebidos" parecem tornar-se ainda mais enrijecidos. Em geral, encontramos dois posicionamentos extremos: de um lado, a negação de que o Oriente teria alguma contribuição a nos oferecer;

---

27. Capra, Fritjof. "The concept of paradigm and paradigm shift". *Revision*, v. 9, nº 1, 1986, p. 3 (tradução livre da autora).

de outro lado, a ilusão de que ocidentais, caracteristicamente imediatistas, teriam seus problemas solucionados simplesmente por imitar irrefletidamente os costumes ou as práticas orientais.

Jung, um dos pioneiros no estudo do pensamento oriental no Ocidente, apresenta um ponto de equilíbrio entre esses extremos. Para ele, o Oriente tem realmente muito a nos oferecer, mas a tarefa a ser realizada é exclusivamente nossa. De nada nos servem a milenar sabedoria dos upanixades (textos filosóficos hindus) e o conhecimento da ioga chinesa, afirma o autor, "se abandonarmos nossos próprios fundamentos como se fossem erros ultrapassados, para nos lançarmos em terras estranhas como piratas sem pátria"[28].

A sabedoria oriental só é válida para o Ocidente se considerarmos nossa própria história e contexto cultural. Não conseguiremos compreender o espírito e a importância prática que essas idéias têm para nós, a partir do puro intelecto ou do uso da razão. Precisamos, antes, "pensar como os orientais", para depois "compreendê-los" e, somente então, "identificar" suas contribuições e "traduzi-las" para uma linguagem mais próxima do entendimento ocidental©.

É preciso considerar que as "ciências" desses dois hemisférios estão em diferentes patamares, tanto quanto estão intelecto e espírito. Numa palestra proferida em 1930, em Munique, Jung já havia pontuado essa diferença:

> Há alguns anos, o presidente da British Anthropological Society perguntou-me como eu explicaria o fato de um povo intelectualmente tão evoluído como o chinês nunca ter produzido uma ciência. Respondi que devia ser um engano, pois os chineses possuíam uma "ciência", cuja obra máxima era justamente o *I Ging*, mas que *o princípio desta ciência, como muitas outras coisas na China, era frontalmente diverso do nosso modelo científico*[29]. (Grifo meu.)

---

28. Jung, C. J. e Wilhelm, R. *O segredo da flor de ouro: um livro de vida chinês*. 8ª ed. Petrópolis, Vozes, 1996, p. 16.

© Não podemos perder de vista o fato óbvio de que este estudo é ocidental, direcionado para o público ocidental e, portanto, deve ser passível de compreensão por parte dos ocidentais. Caso contrário, seria mais útil defendermos esta tese na China, na Índia ou no Japão, por exemplo.

29. Jung, C. J. e Wilhelm, R. *O segredo da flor de ouro...*, *op. cit.*, p. 13.

O fato de o pensamento oriental ser diferente não nos outorga uma ciência legítima, nem nos permite acusar de anticientífico todo posicionamento divergente. A função da ciência é servir, afirmou Jung[30], por isso, ela não pode ser vista como a única maneira adequada de se apreender as coisas.

Hoje em dia, ainda vivemos os reflexos da "barreira científica" que Jung enfrentou no começo do século. Por sorte, essa separação já não é mais tão nítida; sentimos uma real necessidade de aproximação entre os pensamentos característicos de cada cultura e vemos que a tendência é caminharmos para a concretização de uma aldeia global. O Oriente está capitalizado e a grande maioria de seus países se ocidentalizou; muitos ocidentais são fascinados pela cultura e pela arte daqueles povos, e a cada dia encontramos um novo estudo científico que nos permite vislumbrar uma articulação Oriente — Ocidente (Clifford, 1995; Chow e Spangler, 1982; Dao, 1990; Despeux, 1993; Dreher, 1991; Dychtwald, 1984; Geissmann, 1987). Como afirma Crema:

> ... a via quantitativa da ciência, que explora o espaço exterior, e o caminho qualitativo da meditação oriental e da mística, que percorre, à moda de essencial argonauta, o nosso espaço interior, encontram-se, finalmente, gerando uma inaudita ampliação de consciência e comprovando, de certo modo, que exterior e interior são expressões de uma mesma realidade.
>
> Em última instância, tudo é Um.
>
> Assim como o pássaro necessita de duas asas para voar, também o ser humano necessita dos seus dois hemisférios cerebrais, o ocidental e o oriental, para evoluir e enfrentar o colossal desafio de nosso tempo.
>
> *Ciência e mística, que não se identificam, se unificam, representando vias complementares que conduzem ao mesmo conhecimento.* É minha convicção que essa nova consciência ampliada é necessária, sobretudo, na fundamental tarefa de perpetuação da espécie humana[31]. (Grifo meu.)

Um exemplo positivo de conexão Oriente — Ocidente pode ser encontrado na acupuntura, que "é uma ciência que surgiu na China

---

30. Jung, C. J. e Wilhelm, R. *O segredo da flor de ouro...*, op. cit., p. 13.

31. Crema, Roberto. *Introdução à visão holística: breve relato de viagem do velho ao novo paradigma.* op. cit., p. 57.

na Idade da Pedra (...). No entanto, apesar de sua antigüidade, continua evoluindo"[32]. Utilizada por médicos, dentistas, fisioterapeutas, psicoterapeutas, ela faz parte do currículo dos cursos de medicina em quase todo o mundo, inclusive no Brasil. Depreende-se então que, na verdade, precisamos saber *como* lançar mão das valorosíssimas contribuições de um povo, hoje, não muito distante.

---

32. Wen, Tom Sintan. *Acupuntura clássica chinesa.* São Paulo, Cultrix, 1992, p. 9.

A PERCEPÇÃO DE UMA REALIDADE EM MUDANÇA

Este antigo conto chinês[33] nos remete à urgência de abandonarmos uma visão preconcebida da realidade, que se encaixa dentro de uma explicação estática ou de um modelo fixamente estabelecido. O jovem monge aprendeu que deveria evitar as mulheres; ao fazer disso uma realidade estática, não foi capaz de compreender o contexto maior em que ocorreu a situação entre Tanzan e a moça em apuros. Carregou consigo aquela imagem, tanto quanto ainda carregamos a visão de um mundo ultrapassado, que não é mais condizente com este em que vivemos. Modelos estáticos e limitados são úteis apenas se forem encarados como tal.

Por mais que eu queira, minha mente racional e limitada não me permite atingir uma percepção nem uma compreensão total da realidade. Então, por que não tirar proveito dessa limitação?

No prefácio de *A teia da vida*, Motomura explica que, quando tentamos perceber alguma coisa procuramos enquadrar (encaixar) essa coisa em relação àquilo que já está armazenado em nosso arcabouço mental. Nesse momento, interrompemos o processo neutro de percepção e rotulamos a coisa como algo já conhecido — o que nos poupa o trabalho de desvendar o inédito. Entretanto, se esse inédito não se encaixar, também interrompemos o processo, usando os rótulos: "estranho...", "esquisito...", "não faz sentido...", "fora da realidade..."[34].

Quando um pesquisador apresenta uma proposta inédita, a formação acadêmica geralmente o encaixa dentro dos parâmetros de uma ciência tradicional. Muitas vezes ele se sente "estranho", "esquisito", "fora da realidade". Na educação, à medida que aprofundamos as reflexões sobre seus problemas e suas prováveis soluções, acabamos entendendo que é necessário delimitar e enquadrar nossas percepções, o que equivale a "carregar a moça através do rio"; entretanto, devemos "deixá-la lá atrás", quando estamos diante do que parece "esquisito", permitindo que aconteçam novas e inusitadas percepções. Há um provérbio chinês que ilustra muito bem esta

---

33. Tsai, Chih Chung. *Zen em quadrinhos, op. cit.*, p. 30.
34. Motomura, Oscar. Prefácio à edição brasileira. *In*: Capra, Fritjof. *A teia da vida: uma nova compreensão científica dos sistemas vivos, op. cit.*, p. 14.

situação: "É sábio usar uma canoa para atravessar o rio; mas não é sábio carregar a canoa nas costas para continuar a caminhada".

Se as idéias predominantes numa cultura avançam ao longo da história, isto ocorre justamente por causa dos eventos e das propostas que, um dia, foram inusitados. Naturalmente, essas idéias se refletem no setor educacional, que também avança. Sendo assim, não podemos esperar que uma ciência antiga satisfaça necessidades atuais (avançadas), porque, nas palavras de Moreno:

> ... vivemos em uma sociedade que está clamando pela paz, pela igualdade de direitos e de oportunidades entre o homem e a mulher, pela preservação e melhora do meio ambiente, por uma vida mais saudável, pelo desenvolvimento da afetividade e da sexualidade que permita melhorar as relações interpessoais; uma sociedade que necessita forjar personalidades autônomas e críticas, capazes de respeitar a opinião dos demais e de defender os seus direitos, ao mesmo tempo. Estas questões não são contempladas na problemática da ciência clássica[35].

A maneira "clássica" como atualmente percebemos e tentamos encaixar as coisas em geral nos leva a tomar providências inconsistentes... problemas ainda maiores deixam de ser solucionados... e a sociedade como um todo entra em crise.

Em chinês, *wei ji*, o ideograma que representa *crise*, é composto pela junção de dois caracteres: "perigo" e "oportunidade". Momentos de "perigo" precisam ser encarados como momentos "oportunos" à mudança, à passagem de uma *postura estática* para um *estado dinâmico*. Atualíssimo! Estamos vivendo um momento de perigo. Não podemos ignorar o fato de que, só nesse final de século, nos defrontamos várias vezes com a real ameaça de extinção da vida na Terra; temos gastado muito mais em armamentos do que em assistência à saúde da população; nos países de Terceiro Mundo, pessoas ainda morrem de doenças nutricionais e infecciosas e, nos países ditos mais

---

35. Moreno, Montserrat. "Temas transversais: um ensino voltado para o futuro". *In*: Busquets, M. D. *et al. Temas transversais em educação: bases para uma formação integral*. São Paulo, Ática, 1997, p. 36.

abastados, sofrem de doenças cardíacas, câncer, depressão grave, esquizofrenia e outras patologias. Segundo Boff[36], o *Homo sapiens* (ou *sapiens sapiens*, sábio-sábio) é o ser que exalta sua magnífica atitude conquistadora do mundo, desvendadora dos mecanismos da natureza e interpretadora dos sentidos da história, é também aquele que, por onde passa, deixa sua marca de devastação e de pilhagem de riquezas materiais e culturais. Estas atitudes mostram no ser humano:

> ... o lado de demência, de lobo voraz e de satã da Terra. É o *Homo demens demens*.
> Hoje, dada a degradação da condição humana e ecológica mundial, despertamos do sono (...). Estamos espantados com a possibilidade de o ser humano *demens demens* se fazer ecocida e geocida, vale dizer, de eliminar ecossistemas e de acabar com a Terra. Ele já mostrou que pode ser suicida, homicida e etnocida[37].

Realmente, estamos passando por problemas que colocam em perigo o futuro do globo terrestre e ameaça a sobrevivência das futuras gerações. Estes problemas, segundo Capra:

> ... precisam ser vistos, exatamente, como diferentes facetas de uma única crise, que é, em grande medida, uma *crise de percepção*. Ela deriva do fato de que a maioria de nós, e em especial nossas grandes instituições sociais, concordam com os conceitos de uma visão de mundo obsoleta, uma percepção da realidade inadequada para lidarmos com nosso mundo superpovoado e globalmente interligado.
> Há soluções para os principais problemas de nosso tempo, algumas delas até mesmo simples. Mas requerem uma mudança radical em nossas percepções, no nosso pensamento e nos nossos valores. E, de fato, estamos agora no princípio dessa mudança fundamental de visão do mundo na ciência e na sociedade, uma mudança de paradigma tão radical como foi a revolução copernicana[38]. (Grifo meu.)

---

36. Boff, Leonardo. *O despertar da águia: o dia-bólico e o sim-bólico na construção da realidade.* 2ª ed. Petrópolis, Vozes, 1998.

37. *Idem, ibidem*, p. 16.

38. Capra, Fritjof. *A teia da vida: uma nova compreensão científica dos sistemas vivos, op. cit.*, p. 23.

Esta crise encontra-se justamente nas respostas estratificadas que insistimos em dar aos nossos antigos problemas e questionamentos. A evolução humana, há centenas e centenas de anos, não tem sido mais genética, mas cultural. Entretanto, nossa conduta moral, nossa espiritualidade, nossos comportamentos sociais parecem não ter demonstrado um progresso significativo desde Lao-Tsé, Buda ou os gregos, todos eles do século VI a. C.

DE VOLTA PARA O TODO

Chegamos à Lua...

Estamos explorando Marte...

Já fomos longe demais. Agora, precisamos *regressar* a uma escala mais humana, usando o potencial existente para desenvolver formas criativas de organização (pessoal, familiar, social, educacional...). *Em suma, precisamos regressar até nós mesmos.*

O homem, tentando conquistar o espaço e tudo o mais que está fora dele, esqueceu-se do ser humano e tornou-se uma máquina de aprender (aluno), uma máquina de ensinar (professor), uma máquina de consertar corpos (médico) ou uma máquina de consertar cabeças (psicólogo/psiquiatra). Em outras palavras, o homem deixou de entender-se como um sistema vivo integrado a todos os outros sistemas.

Uma vez que a essência de um sistema vivo está nas relações e interações entre suas partes, a essência do todo, por sua vez, está nas relações e interações entre os sistemas. Quando um sistema é dissecado em elementos isolados, física ou teoricamente, suas partes são destruídas[39]. Portanto, para entendermos alguma coisa sob essa perspectiva, não podemos separá-la em pequenos pedaços; devemos colocá-la num contexto mais abrangente. Para Manuel Sérgio, as várias dimensões da pessoa humana devem ser vistas e consideradas como uma só totalidade, e não como um amontoado de partes que podem ser somadas[40]. Esta visão faz cair por terra a concepção de homem-

---

39. Capra, Fritjof. *A teia da vida: uma nova compreensão dos sistemas vivos*, *op. cit.*

40. Manuel Sérgio. *Motricidade humana: uma nova ciência do homem!*, *op. cit.*

máquina, que pode ser analisado segundo suas peças ou que pode ser tratado através de consertos feitos nos locais defeituosos ou disfuncionais.

Alunos com dificuldades de aprendizagem em geral, que tiram notas baixas ou que apresentam os chamados "comportamentos divergentes", não podem ser vistos como se fossem as "peças enguiçadas" da classe. Da mesma forma, uma dificuldade específica numa determinada área (leitura, cálculo, relacionamento com um colega) não pode ser considerada a parte defeituosa que deve ser destacada daquele aluno, reparada e colocada de volta em seu lugar. É preciso que todo o sistema educativo seja considerado, para entendermos um pouco melhor os motivos que levam ao fracasso escolar. É preciso considerar não apenas os alunos, mas seus professores, coordenadores, diretores... É preciso, enfim, repensar sobre os conteúdos que transitam pelas diversas disciplinas, tornando-os mais realistas. Mas isso ainda não é suficiente. Como afirma Pascoal:

> Além da renovação dos conteúdos, quando se fala em aprendizagem não se pode desconsiderar as inadequações existentes dentro da própria escola que, com seus procedimentos, contribui para o fracasso escolar. Os métodos de ensino utilizados por muitos professores baseiam-se na memorização de conteúdos e não se coadunam com a realidade dos alunos. Essas inadequações vão muito mais longe. Envolvem o próprio currículo das escolas. Os objetivos do ensino, os conteúdos, o sistema de avaliação, a relação professor-aluno, todos esses elementos da didática precisam ser repensados quando se reflete sobre a "calamidade" da reprovação[41].

Nós, educadores, deveríamos saber que aquilo que o aluno apresenta, aquilo que salta aos olhos, é o efeito mais aparente de uma causa subjacente. O efeito geralmente é limitado e pode ser descrito em termos concretos. A causa, por sua vez, é complexa e abarca fatores e situações que levam a pessoa ao desequilíbrio ou, em outras palavras, à doença.

---

41. Pascoal, Míriam. *O prazer na escola*. Tese de doutorado, Campinas, Unicamp, Faculdade de Educação, 1998, p. 95.

SAÚDE E HARMONIA NA EDUCAÇÃO

Do ponto de vista ecológico, o organismo saudável é aquele que está em harmonia e bem-estar físico, mental e social, e em constante evolução, mutação ou em busca de transcendência. Uma vez que a pura ausência de doença não é sinônimo de saúde, então a cura deve ser encarada como um processo de readaptação e reintegração do organismo às condições ambientais causadoras do desequilíbrio.

Os chineses também demonstram esse tipo de concepção de saúde e cura, por intermédio do conceito de *ch'i*, que corresponde à noção de energia vital, elã ou sopro. Para eles, o *ch'i* está em tudo, pois é a força que anima todas as coisas da natureza. Quando essa energia flui desimpedida pelos meridianos (canais por onde o *ch'i* passa), a pessoa está em equilíbrio e é saudável. A doença ocorre quando o fluxo de energia é demasiado ou escasso. Essa doença, ou seja, esse desequilíbrio, é gerado por qualquer fator interno ou externo à pessoa, que a retira de um estado de harmonia consigo mesma ou com o universo, como explica Page:

> ... segundo a antiga teoria meridional chinesa, a doença é a manifestação de desordem e de aberração da energia dentro do organismo. (...) A doença ocorre quando a mente e o corpo estão fora de harmonia. A atividade da mente ao direcionar o *ch'i* é fundamental. Seu uso ou não-uso deve afetar diretamente os processos dinâmicos que estão acontecendo ao longo dos meridianos e isso, por sua vez, afeta o físico. O fluxo de energia não é apenas influenciado pelos pensamentos conscientes de uma pessoa, mas pelas suas emoções. Se uma emoção em especial ou um modo de pensar é enfatizado de maneira incomum, algum órgão pode ser superestimulado, causando esgotamento, desequilíbrio e bloqueio no sistema do meridiano[42].

---

42. Page, Michael. *Ch'i: energia vital.* São Paulo, Pensamento, 1991, p. 78.

Para atingirmos a harmonia tão valorizada pelos chineses, não devemos nos retirar ou nos alienar do mundo social e cotidiano, como uma fuga dos problemas que nos cercam. Mesmo um eremita isolado numa montanha é perturbado pelos seus próprios pensamentos. O conceito de harmonia refere-se à consciência dos ciclos universais de vida e morte — a consciência ecológica que já apresentei anteriormente. Assim, por compreender profundamente os eventos que acontecem na natureza, na sociedade e em si mesma, a pessoa não se desequilibra e, por conseguinte, não adoece❤ . Como Fulder explica:

> O homem é apenas uma montagem temporária (...) em um Universo continuamente mutável e interatuante: uma onda no oceano, com tendência a sentir-se superior ao resto da água. Mas a essência da saúde é enquadrar-se nos padrões de vida. Estar em harmonia com o *Tao*. A má saúde é causada pelo fato de nadar contra a correnteza, por "rebelião" contra o *Tao*...[43].

Na educação, sinais de enfermidade aparecem diariamente, como a evasão, a violência, a retenção, a indisciplina e, o que é pior, a recusa a aprender. Esse estado de coisas jamais poderá gerar nos educandos uma predisposição para a aprendizagem.

Trazer saúde à educação implica pensar num contexto mais amplo. Ainda hoje há os que acreditam que os problemas de aprendizagem são causados exclusivamente pela escola ou pelo aluno, negando a ação do sistema como um todo (incluindo a família, a sociedade e a política educacional). Em vez de aceitarem a necessidade de uma mudança de vida, seja em relação aos hábitos de estudo, seja em relação às atitudes perante o processo ensino-aprendizagem, professores, alunos, pais e demais envolvidos preferem buscar uma receita externa para que o problema seja sanado:

❤ Pensar desta forma atualmente, com todos os problemas que nos deparamos a cada segundo, parece ser um tanto *utópico*. Por outro lado, uma das maiores causas de nossas doenças planetárias reside no fato de o ser humano ter se tornado, no decorrer de sua aparente evolução, um ser altamente *tópico*.

43. Fulder, Stephen. *O Tao da medicina: ginseng, remédios orientais e farmacologia da harmonia*. São Paulo, Ibrasa, 1986, p. 62.

(...) como sociedade, somos propensos a usar o diagnóstico sobre a "hiperatividade" ou a "incapacidade de aprendizagem" de nossos filhos, em lugar de examinarmos a inadequação de nossas escolas; preferimos dizer que sofremos de "hipertensão" a mudar nosso mundo supercompetitivo dos negócios; aceitamos as taxas sempre crescentes de câncer em vez de investigarmos como a indústria química envenena nossos alimentos para aumentar seus lucros. Esses problemas de saúde extrapolam os limites das preocupações da profissão médica, mas são colocados em foco, inevitavelmente, assim que procuramos seriamente ir além da assistência médica atual[☙]. Ora, só será possível transcender o modelo biomédico se estivermos dispostos a mudar também outras coisas; isso estará ligado, em última instância, a uma completa transformação social e cultural[44].

Ser um aluno "saudável" não significa apenas "ter um excelente rendimento escolar", pois ele pode estar enfermo afetiva, motriz ou socialmente. Bertherat faz uma magnífica colocação a esse respeito. Segundo ela, as pessoas que conseguem usar apenas uma ou duas centenas de palavras adequadas aos seus respectivos significados, numa determinada língua, são automaticamente consideradas "débeis mentais". Entretanto, passamos a vida toda repetindo uma quantidade muito menor de movimentos medíocres e nada criativos, sem que jamais alguém nos considere "débeis motores"[45]. Se refletirmos sob esse prisma, encontraremos à nossa volta (ou diante do nosso próprio espelho!) inúmeros "débeis emocionais", "débeis sociais", "débeis familiares", "débeis morais"...

Definitivamente, não podemos correlacionar a "saúde educacional" de nossos alunos apenas com os resultados que obtêm em avaliações de conteúdos conceituais (muito menos em provas formais). Entretanto, parece-me que a harmonia entre os conteúdos escolares e as capacidades cognitivas, afetivas, motrizes e sociais dos alunos está ainda distante de um equilíbrio desejado. Dentre as capacidades cognitivas, a verdade é que o ensino tem priorizado apenas as que correspondem à aprendizagem das disciplinas ou matérias tradicionais[46].

❧ Vale lembrar que *a palavra doutor*, que vem do latim *docere*, significa *ensinar*. Assim, o papel do doutor, em qualquer área, deveria ser o de mostrar os caminhos de volta ao estado de equilíbrio.

44. Capra, Fritjof. *O ponto de mutação, op. cit.*, p. 155.

45. Bertherat, Therese. *O corpo tem suas razões: antiginástica e consciência de si.* 7ª ed. São Paulo, Martins Fontes, 1983.

46. Zabala, Antoni. *A prática educativa: como ensinar.* Porto Alegre, ArtMed, 1998.

OS QUOCIENTES

No Brasil, atualmente, há uma tendência à "desintelectualização" da educação, no sentido de não mais valorizar *exclusivamente* o quociente intelectual do aluno. A avaliação, por exemplo, tem sido alvo de muitas discussões e pesquisas. Pouco a pouco, espera-se que ela passe a ser maciçamente encarada pelos professores como uma reflexão e um diagnóstico sobre o processo educacional, muito mais do que exclusivamente como uma balança que mede o peso dos conteúdos adquiridos. Para André e Passos, a avaliação "deve ser vista como uma porta de entrada para discutirmos alternativas e possibilidades de superação do fracasso escolar ainda tão presente em nossas escolas hoje"[47].

Outro exemplo são os Parâmetros Curriculares Nacionais — PCNs, que propõem a introdução de temas transversais ao currículo escolar: ética, saúde, meio ambiente, orientação sexual e pluralidade cultural. Esses temas, que devem transpassar todas as disciplinas do currículo formal, tratam de assuntos que ajudam a escola a cumprir o papel de formar alunos-cidadãos, indo além da preparação técnica para o mercado de trabalho.

Há, também, como exemplo, a Teoria das Inteligências Múltiplas. Segundo o norte-americano Howard Gardner, autor desta teoria, o ser humano é dotado de sete inteligências e, como tal, deve ser valorizado. Esta visão pode ser aplicada em vários segmentos da sociedade,

---

47. André, Marli E. D. A. e Passos, Laurizete F. "Para além do fracasso escolar: uma redefinição das práticas avaliativas". *In*: Aquino, Julio G. (org.). *Erro e fracasso na escola: alternativas teóricas e práticas*. São Paulo, Summus, 1997, p. 115.

mas foi no setor educacional que Gardner centrou a maior parte de sua atenção, propondo a reestruturação das escolas de maneira a que as diferenças individuais entre os alunos sejam contempladas[48]. Até 1997, o pesquisador havia identificado sete inteligências: musical, corporal-cinestésica, lógico-matemática, lingüística, espacial, interpessoal e intrapessoal. Atualmente, ele propõe a inclusão das inteligências ecológica e espiritual. A Teoria das Inteligências Múltiplas vem confirmar a necessidade de considerarmos importantes, na educação, outros aspectos humanos que não apenas o lingüístico ou o lógico-matemático.

Desta forma, aqueles alunos que, normalmente, eram excluídos ou marginalizados por seu baixo rendimento, hoje vislumbram a possibilidade de ser valorizados por suas habilidades (às vezes extraordinárias!) em outras áreas. Afinal, o homem, e, portanto, o educando, é um todo que pensa (cognitivo), sente (afetivo-emocional) e age (motor). Não há pensamento sem sentimento e ação, nem ação sem sentimento e pensamento[49]. Entretanto, o que geralmente ocorre é que o aluno é visto como se houvesse uma grande dicotomia entre esses seus domínios, sendo dada uma importância muito maior ao desenvolvimento de seu "pensamento" (como raciocínio lógico-formal) do que às suas outras possibilidades. É como se o pensamento não implicasse, necessariamente, afetividade, emoção ou motricidade.

Para ilustrar essa afirmativa, apresento na Figura 3, a seguir, três circunferências de tamanhos desiguais. A maior representa a supervalorização do QI (Quociente Intelectual) do aluno; a média mostra que o QM (Quociente Motor) está presente, mas é valorizado em menor escala, e a menor mostra a importância inferior dada ao QE (Quociente Emocional). O aluno[☾], nesta situação, vem "sufocado" na interseção entre os três quocientes. Com esta figura, tento mostrar

---

48. Gardner, Howard. *Inteligências múltiplas: a teoria na prática*. Porto Alegre, Artes Médicas, 1995.

49. Gonçalves, Maria Augusta S. *Sentir, pensar, agir: corporeidade e educação, op. cit.*

☾ A palavra "aluno", quando escrita com formatação diferente, é uma alusão às figuras 3 e 4.

que ainda hoje o aluno é valorizado prioritariamente pelas suas produções intelectuais, respondendo às expectativas de um modelo de ensino ao qual chamo de dicotômico.

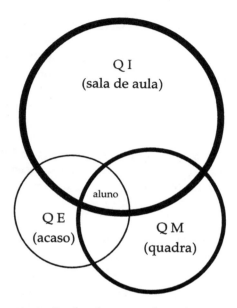

Figura 3 — Representação do aluno, produto de um sistema de ensino dicotômico.

Visto dessa forma, esse aluno só pode mesmo ser compatível com um tipo de educação que o obrigue a "silenciar o corpo", sentado durante horas numa mesma posição, em carteiras tão desconfortáveis quanto o conteúdo que recebe. Também só pode ser compatível com um ensino que o leve a "silenciar a mente", deixando de lado o desenvolvimento de sua consciência crítica para privilegiar o desenvolvimento de sua memória mecânica.

Diante de tanto silenciar, será que a este aluno é permitido que "falem as emoções"?

Espero, ansiosamente, pelo dia em que todos os educadores respondam "sim". Por enquanto, o que constato é a crença geral de que, na sala de aula, cuida-se da "cabeça", na quadra cuida-se do "corpo", enquanto o acaso se encarrega do "coração"🕭. Goleman, ao abordar a questão do QE (ao qual dá o nome de Inteligência Emocional), afirma:

> Talvez o dado individual mais perturbador (...) venha de uma maciça pesquisa com pais e professores, revelando uma tendência mundial da geração atual de crianças a ser mais emocionalmente perturbada que a última: mais solitária e deprimida, mais revoltada e rebelde, mais nervosa e propensa a preocupar-se, mais impulsiva e agressiva.
>
> Se há um remédio, acho que deve estar em como preparamos nossos jovens para a vida. No momento, deixamos a educação emocional de nossos filhos ao acaso, com conseqüências cada vez mais desastrosas. Uma das soluções é uma nova visão do que as escolas podem fazer para educar o aluno todo, juntando mente e coração na sala de aula. (...) Já antevejo um dia em que a educação incluirá como prática de rotina a instilação de aptidões humanas essenciais como autoconsciência, autocontrole e empatia, e das artes de ouvir, resolver conflitos e cooperar[50].

Concordo que uma parte importante da formação do aluno se dá na escola e que esta formação envolve, certamente, a escolha dos alunos por áreas de estudos que os interessem. Todavia, professores e sistemas de ensino normalmente valorizam escolhas relacionadas com uma área de conhecimento formal ou com a busca por respostas sobre determinado conteúdo conceitual. Se o aluno quiser saber a respeito da produção de carne bovina na Argentina, sobre o plantio de seringueiras no Nordeste ou a história dos essênios, provavelmente esta escola o estimulará; entretanto, se ele quiser saber por que reluta em fazer perguntas, como se sente em relação ao seu

---

🕭 A educação das emoções geralmente é (ou não!) transmitida pela família, pela sociedade, ou ainda pela escola, mas não há um programa ou regra formal que garanta que ela aconteça. Por isso afirmamos que ela é deixada ao acaso. Atualmente, a inclusão dos temas transversais ao currículo escolar parece ser o caminho para a concretização de uma educação emocional, no sentido como é proposto por Daniel Goleman no livro *Inteligência emocional*.

50. Goleman, Daniel. *Inteligência emocional: a teoria revolucionária que redefine o que é ser inteligente*. 3ª ed. Rio de Janeiro, Objetiva, 1996, p. 14.

professor ou quais são suas impressões sobre um colega de classe, então ele estará em apuros.

O paradoxo é que estes itens pessoais são os que me preocupam e estão diretamente relacionados à minha escolha de aprendizagem. Se me sinto estúpido, hesitarei em fazer perguntas, com medo de ser humilhado publicamente e posto em total evidência. Se não gosto do professor ou tenho medo dele, posso revoltar-me contra qualquer coisa que me esteja sendo ensinada, como manifestação de minha resistência ao professor. Minha impossibilidade de investigar o estado em que me encontro também me força a estudar assuntos pelos quais não tenho qualquer interesse. Estas considerações sugerem uma experiência íntima diante da qual tenho oportunidade de investigar a mim mesmo e a meus próprios sentimentos, diante do que estou aprendendo. Devo aumentar o nível de minha percepção consciente a meu próprio respeito, para estar sintonizado com o que estou pronto para aprender. Posso então escolher sozinho aquilo que desejo conhecer mais a fundo.
Tomar consciência requer honestidade[51].

Os conteúdos conceituais, contidos nos currículos escolares, são tão relevantes quanto os atitudinais e procedimentais. Estes dois últimos deveriam obrigatoriamente permear toda e qualquer ação educativa, pois estão diretamente relacionados com os valores e as competências intra e interpessoais que, hoje, mais do que nunca, o ser humano precisa desenvolver.

---

51. Schutz, Will. *Profunda simplicidade: uma nova consciência do eu interior.* 2ª ed. São Paulo, Ágora, 1989, p. 176.

CONTEÚDOS CONCEITUAIS, PROCEDIMENTAIS E ATITUDINAIS

O termo "conteúdo" geralmente nos faz lembrar dos conhecimentos ligados às matérias ou disciplinas clássicas, e dos respectivos nomes, conceitos, princípios, enunciados e teoremas que se deve aprender. Freqüentemente, dizemos que uma matéria está carregada de conteúdos ou que um assunto não tem muito conteúdo, quando queremos nos referir a este tipo de conhecimento. Mas deveríamos entender que "conteúdo" é tudo quanto se tem de aprender para atingir uma meta, e isso não abrange só as capacidades cognitivas, como também as afetivas, motrizes, de relacionamento interpessoal e social. Dessa forma, posso incluir em meus planejamentos escolares todo o currículo oculto, todas aquelas aprendizagens que, antes, não apareciam nos planos de ensino, não eram documentadas explicitamente, nem eram avaliadas de forma clara, mas que sempre estiveram presentes na tarefa do educador.

"Conteúdos conceituais" (relativos àquilo que a pessoa deve saber) são tão importantes quanto os "conteúdos procedimentais" (o que se deve saber fazer) e os "conteúdos atitudinais" (como se deve ser). Se os professores puderem (ou conseguirem) colocar em suas aulas esses três tipos de conteúdos, tendo como meta a conscientização dos alunos quanto à importância e à interdependência entre "saber", "saber fazer" e "ser", talvez caminhemos para uma educação mais saudável, mais equilibrada, mais harmoniosa.

Por enquanto, apenas nos anos iniciais da escolarização é dada prioridade aos conteúdos procedimentais e atitudinais acima dos conceituais, ou, então, há uma distribuição equânime entre tais conteúdos. À medida que o tempo de escolarização avança, aumenta o peso dos conteúdos conceituais em detrimento dos procedimentais e atitudinais[52]. Esta disparidade denota a decrescente importância que se dá ao "saber fazer" e principalmente ao "ser". Em decorrência disso, a escolha dos conteúdos conceituais e a forma como eles são abordados em sala de aula tornam-se cada vez mais distantes da realidade vivida, deixando embaçada a visão dos alunos. Quando eles tentam trazer para o cotidiano a teoria que apreenderam na escola, quando tentam "enxergar além do conteúdo", "além da matéria", "além da disciplina", o que vêem é um objetivo pouco nítido, tão distante (em tempo e em possibilidade de alcance) que muitas vezes o abandonam antes mesmo de atingi-lo.

A tão conhecida crítica que Paulo Freire[53] fez a esse sistema de ensino, chamando-o de "Educação Bancária", caracteriza muito bem tal situação: os alunos, sentados, imóveis diante do professor, recebem os conteúdos (prioritariamente conceituais) que neles são "depositados" e preparam-se para o momento que, mais tarde, lhes será "sacado" tudo o que lhes foi entregue, sem que lhes seja permitido caminhar para uma conscientização. Como Busquets ressalta:

> As transformações da realidade escolar precisam passar necessariamente por uma mudança de perspectiva, em que os conteúdos escolares tradicionais deixem de ser encarados como um "fim" na educação. Eles devem ser "meio" para a construção da cidadania e de uma sociedade mais justa. Esses conteúdos tradicionais só farão sentido para a sociedade se estiverem integrados em um projeto educacional que almeje o estabelecimento de relações interpessoais, sociais e éticas de respeito às outras pessoas, à diversidade e ao meio ambiente[54].

A educação não pode limitar-se a mera "transmissora" de conteúdos conceituais — esta é uma das suas funções, mas não a única. Ela deve "ir além". Creio que a transmissão desses conteúdos tenha uma *importante* e *insubstituível* participação no processo educativo. Participação essa, entretanto, que não deve ser encarada como seu *único* objetivo.

---

52. Zabala, Antoni. *A prática educativa: como ensinar, op. cit.*, pp. 31-2.

53. Freire, Paulo. *Pedagogia do oprimido.* Rio de Janeiro, Paz e Terra, 1983.

54. Busquets, M. D. *et al. Temas transversais em educação: bases para uma formação integral, op. cit.*, p. 15.

É necessário passar de ano. É necessário se preparar para o vestibular. É também necessário transmitir conceitos. O problema não reside nesses pontos, mas, sim, na limitação deles: na diferença entre "educar para isso, apenas", e "educar para além disso".

Há uma grande diferença entre "informar" alunos e "formar" seres humanos. Se pretendemos educar um ALUNO diretamente oposto ao aluno ilustrado na figura anterior, então precisamos criar ambientes que lhe possibilite vivenciar e tomar consciência de suas habilidades globais, estejam elas no domínio intelectual, afetivo, motor, social... Um ALUNO é importante tanto pelas descobertas e respostas de raciocínio lógico e de compreensão sobre determinado conteúdo, quanto pela opinião crítica que ele tem sobre esse conteúdo, pela maneira como expressa essa opinião, pelo modo como interage com o professor e com os colegas, pelos seus valores pessoais e pró-sociais, pelo entendimento que tem dessas relações e da abrangência delas para fora dos limites físicos da escola. Seus gestos, seus sentimentos, suas criações, suas produções artísticas... toda a sua forma de expressão entra em jogo quando ele é visto como autor do conhecimento.

Diferentemente da Figura 3, ilustro, a seguir, um educando que é visto como um sistema vivo e integrado, com domínios considerados em igual importância e que, por isso mesmo, encontra mais espaço para o desenvolvimento e a expressão de seu potencial:

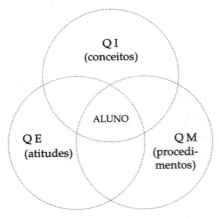

Figura 4 — Representação do aluno integrado, em processo formativo de educação.

ALÉM DOS QUOCIENTES — ALÉM DOS CONTEÚDOS

A figura anterior representa o aluno como ser individual (do latim, *individuu*: indiviso). Do ponto de vista ecológico, representa a relação de interdependência entre os componentes do todo, ou seja, a interdependência dos componentes que fazem parte do próprio aluno. Por serem integrados e interdependentes, QI, QM e QE ocorrem de forma simultânea no ser humano e não podem ser divididos, a não ser para fins de explicação mais didática.

Na verdade, a representação dada na Figura 4 é adequada apenas para explicar o lado individual de uma pessoa. Para tornar-se coerente com o pensamento chinês, com a ecologia profunda e com a ciência da motricidade humana, essa ilustração ainda precisa ser reformulada. É imprescindível acrescentar a ela fatores sociais ou coletivos, aos quais Bronfenbrenner identificou como micro, meso, exo e macrossistema[55].

Segundo o autor, numa pesquisa ou análise dos fenômenos sociais ou naturais, devemos levar em consideração o microssistema, que é o ambiente ecológico imediato que contém a pessoa em desenvolvimento; este pode ser a casa, a sala de aula ou outro ambiente como, por exemplo, o laboratório de testagem do pesquisador. A seguir, devemos considerar o mesossistema, que é a relação existente entre dois ambientes dos quais a pessoa participa diretamente, como, por exemplo, a família ou a escola. No exossistema, a pessoa em desenvolvimento é afetada pelos eventos ocorridos em ambientes nos

---

55. Bronfenbrenner, Urie. *A ecologia do desenvolvimento humano: experimentos naturais e planejados*. Porto Alegre, Artes Médicas, 1996.

quais ela nem sequer está presente, como é o caso do local de trabalho dos pais ou a casa dos demais familiares. Finalmente, Bronfenbrenner destaca a interdependência da pessoa em desenvolvimento com o macrossistema: leis, culturas e valores em interconexão com outras leis, culturas e valores[56]. Ao macrossistema apresentado pelo autor incluo também os mundos animal, vegetal e mineral, e todos os sistemas existentes no universo.

As mudanças ocorridas dentro de uma sala de aula não se limitam àquele espaço, pois afetam também a relação entre professores, alunos, parentes, amigos, comunidades e outros ambientes ecológicos que não estão em contato direto com aquele local específico. Tampouco estas mudanças se limitam ao tempo. A interação entre um professor e um aluno ocorrida em determinada data, em determinado horário, poderá continuar surtindo efeito por várias horas, dias ou, em situações altamente significativas, poderá perdurar por toda a vida daquelas pessoas.

Mesmo que seja difícil admitir esta hipótese, uma mudança dentro de um microssistema, como uma classe, por exemplo, pode alterar (e altera) uma comunidade. O microssistema pode gerar impactos substanciais em sua fronteira com os sistemas maiores que, por sua vez, serão naturalmente alterados. Gandhi expressou sabiamente esta relação entre os sistemas, ao afirmar:

> Não há uma só virtude que somente um indivíduo possa lucrar. Reciprocamente, toda falta de moral cometida por apenas um leva prejuízo não somente ao responsável, mas também a muitos outros, direta ou indiretamente. Em conseqüência, se um indivíduo é virtuoso ou imoral não interessa só a ele, mas à comunidade inteira[57].

Do macro para o microssistema ocorre o mesmo, seja quando um governo altera uma lei, quando caem as Bolsas no Leste asiático, quando um navio vaza toneladas de óleo no oceano, ou quando somos queimados pela chuva ácida que cai sobre nossas cabeças.

---

56. Bronfenbrenner, Urie. *A ecologia do desenvolvimento humano...*, *op. cit.*
57. Gandhi, Mohandas Karamchand. *In*: Garcia, M. C. *A paz: as contribuições de Gandhi para a crise do mundo atual.* São Paulo, Navegar, 1995, p. 81.

Complementando a Figura 4 com as proposições de Bronfenbrenner, criei a seguinte figura:

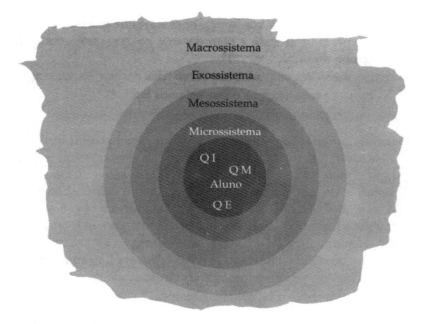

Figura 5 — O aluno sob o ponto de vista ecológico — representação elaborada a partir de Bronfenbrenner (Lima, Luzia Mara S., 1999a).

Mais uma vez ressalto que as subdivisões representadas servem apenas para fins didáticos. A tendência a arranjar os sistemas, colocando os menores dentro dos maiores, é uma projeção humana que nos ajuda a compreender melhor a dinâmica do universo. Queiramos ou não, os sistemas são como várias redes com seus fios interligados, formando uma única teia viva e pulsante. Entretanto, o que vemos é que, incontáveis vezes, o ser humano age como se pudesse desconsiderar todas essas conexões, principalmente porque, como consta na obra *Conceitos para se fazer educação ambiental*, é muito freqüente vivermos:

- como se os seres humanos e as nações fossem independentes e desconectadas, e não surgissem e evoluíssem juntos;

- como se pudéssemos agredir o ambiente sem agredir a nós mesmos;
- como se pudéssemos escapar das leis físicas que governam o mundo;
- como se houvesse um fundo inesgotável de recursos a extrair e uma fossa infinita e bem distante na qual podemos atirar nossos resíduos; (...)
- como se um grupo soubesse como "desenvolver" outro grupo;
- como se soubéssemos o que estamos fazendo[58].

---

58. *Conceitos para se fazer educação ambiental.* 2ª ed. revisada. São Paulo, Secretaria do Meio Ambiente, Coordenadoria de Educação Ambiental, 1997, p. 112.

NO OCIDENTE:
PRINCÍPIOS DE ECOLOGIA

Visto isoladamente, um sistema parece ter autonomia suficiente para ser independente dos demais, como uma flor que cresce solitária num vaso de nossa sala. Essa aparente autonomia aumenta com a complexidade dos organismos e atinge o auge nos seres humanos. Por isso é que, muitas vezes, pensamos que estamos solitários e agimos como se nossas atitudes não afetassem as outras pessoas, o meio ambiente, as futuras gerações ou, o que é pior, a nós mesmos. Assim, nos vestimos de livre-arbítrio, liberdade, independência, autonomia, mas também de auto-suficiência, egocentrismo, onipotência...

Para abordar essa "autonomia relativa" dos sistemas, trago alguns dos "princípios de ecologia" propostos por Capra[59].

Fluxo contínuo

Todos os sistemas existentes estão em constante movimentação. As águas de um rio fluem sem cessar, dia e noite, sem que o rio seque por causa disto. O mar recebe constantemente a água dos rios, sem ficar mais cheio por causa disto. Num fluxo contínuo, a água escoa do rio e também surge da nascente; a folha que cai da árvore gera os nutrientes da terra que alimentam a árvore, e assim por diante.

Para explicar como o fluxo contínuo acontece na educação, Capra recorre a uma passagem de Gandhi: "Não há um caminho que leve à paz. A paz é o caminho". E, então, parafraseando Gandhi,

---

59. Capra, Fritjof. *From the parts to the whole: systems thinking in ecology and education.* Berkeley, Center for Ecoliteracy, 1994c. (tradução livre da autora).

Capra afirma: "Não estamos falando sobre um processo cujo objetivo seja a aprendizagem. A aprendizagem é o processo"[60].

Essa profunda noção de fluxo contínuo nos mostra que, na educação, a aprendizagem não é um objetivo estanque ou um produto a ser alcançado, mas um *continuum*. Encontramos fluxos em quase tudo o que ocorre num processo educacional: fluxos de aprendizagem, de idéias, de energia elétrica, de informações, de relacionamentos, de materiais didáticos. Quando um desses fluxos é bloqueado, o sistema educacional recebe de volta a informação de que alguma disfunção ocorreu em áreas que vão desde o baixo desempenho de um aluno, num determinado conteúdo, numa disciplina, até as punições sarcásticas dos professores contra os alunos, os ataques e contra-ataques violentos dos alunos à escola, as depredações, a repetência e a evasão. Sem dúvida, esse princípio de ecologia tem relação com o fluxo de *ch'i* (energia vital): quando o *ch'i* é bloqueado, o organismo sai de seu estado de equilíbrio dinâmico e adoece.

Feedback

Assim como uma teia que vibra ao menor movimento e mantém a aranha alerta, também num sistema as informações viajam e voltam à sua origem, proporcionando a ele uma retroalimentação. É esse *feedback* que gera no sistema a oportunidade, ou melhor, a necessidade de se ajustar novamente com o todo. Tal ajuste pode se dar pela auto-regulação e pela auto-organização.

Auto-regulação

Um sistema aprende com seus próprios erros e acertos ou regula a si mesmo. Por isso, "não é preciso uma autoridade externa para dizer 'vocês fizeram alguma coisa errada'. A comunidade tem sua própria inteligência, sua própria capacidade de aprendizagem"[61].

---

60. Capra, Fritjof. *From the parts to the whole: systems thinking in ecology and education*, op. cit., p. 8.

61. *Idem, ibidem*, p. 5.

Vivendo e aprendendo. Vivendo, aprendo a mudar a maneira como faço as coisas ou como penso, ajustando-me às circunstâncias (ainda que eu não tome consciência disto). Uma das principais dimensões da ação educativa, em termos procedimentais e atitudinais, deve ser o desenvolvimento de competências e condutas que necessitem auto-regulação e autocontrole dos alunos. Esta dimensão, segundo Martínez e Puig:

> ... torna necessária a formação dos indivíduos para que estejam capacitados para regular autonomamente sua conduta e sua atuação no meio onde vivem. Deste ponto de vista, a auto-regulação é o processo comportamental contínuo e constante em que a pessoa é a máxima responsável por sua conduta, graças ao conhecimento e controle das variáveis que influem nela. Em troca, o autocontrole é o resultado comportamental que consiste em não levar a cabo uma resposta esperável por sua alta probabilidade[62].

Para potencializar a auto-regulação, é necessário investir na conscientização dos educandos. A partir da consciência das coisas, as pessoas analisam o meio, reconhecem situações problemáticas, prevêem variáveis que podem levar a condutas sem controle, decidem que conduta ter, se auto-avaliam e chegam a uma nova tomada de decisões.

Auto-organização

Além da auto-regulação, os ajustes feitos num sistema, a partir do *feedback*, podem também se dar pela auto-organização. O próprio sistema estabelece sua ordem, em estrutura e função, tornando-se autônomo, sem isolar-se do meio ambiente ou dos outros sistemas. É por isso que, apesar de todos os sistemas seguirem os mesmos princípios de ecologia, as rosas continuam sendo rosas e os chimpanzés continuam sendo chimpanzés. A auto-organização de uma sala de aula faz com que ela continue sendo identificada como tal, inde-

---

62. Martínez e Puig (1991) *apud* Yus, Rafael. *Temas transversais: em busca de uma nova escola.* Porto Alegre, ArtMed, 1998, p. 214.

pendentemente do método utilizado pelo professor, da faixa etária dos alunos ou dos professores, ou mesmo da disposição ou do tipo de mobiliário nela existente. Os alunos se auto-organizam como aprendizes ou, no mínimo, como pessoas que dividem o mesmo espaço por uma mesma razão — ainda que não seja para aprender! Numa publicação da Secretaria do Meio Ambiente do Estado de São Paulo, encontrei a seguinte observação a este respeito:

> As florestas crescem do mesmo modo na União Soviética, nos Estados Unidos e na Europa. As técnicas de gerenciamento da água para terras áridas são iguais em Israel, na Arábia, na Índia e na África. A pesquisa para extração de minerais segue os mesmos padrões em qualquer lugar. As lições aprendidas numa parte do planeta podem ser úteis em outra[63].

Apesar das similaridades, continua o documento, há visíveis diferenças. Embora a água siga o mesmo processo de evaporação e condensação em qualquer parte do planeta, numa floresta tropical ela corre abundantemente, enquanto, num deserto, ela se transforma num escasso charco. O mesmo posso dizer sobre as escolas: há aquelas que promovem uma aprendizagem significativa e prazerosa; há outras que, sem deixarem de ser escolas, afastam os alunos de experiências positivas acerca do processo de aprender.

A auto-organização ocorre também nos seres humanos. Pelo fato de cada sujeito ter sua auto-organização pessoal é que a expressão motriz difere de organismo para organismo, de sujeito para sujeito. A "auto-organização subjetiva"[64] justifica por que seqüências idênticas de movimentos são manifestadas, de formas tão distintas, quando apresentadas por pessoas diferentes. O mesmo acontece quando lemos um texto em voz alta, recitamos um poema, jogamos xadrez, andamos de bicicleta, solucionamos um problema...

A auto-organização nos faz únicos, dentre tantos semelhantes. Esse princípio, segundo Capra[65], apresenta dois fenômenos dinâmicos: a auto-renovação e a autotranscendência.

---

63. *Conceitos para se fazer educação ambiental, op. cit.,* p. 30.

64. Manuel Sérgio. *Motricidade humana: uma nova ciência do homem!, op. cit.*

65. Capra, Fritjof. *From the parts to the whole: systems thinking in ecology and education, op. cit.*

A *auto-renovação* é a capacidade de um sistema renovar e reciclar continuamente seus componentes. Ela se refere à renovação de uma célula, de um relacionamento interpessoal ou, até mesmo, à renovação de uma vida, representada pelo fenômeno da reprodução. A auto-renovação acontece mesmo quando não existe qualquer perturbação externa ao sistema, pois o mesmo encontra-se em fluxo contínuo ou, nos termos do pensamento chinês, em constante mutação.

A *autotranscendência* é a capacidade de nos dirigirmos criativamente para além das fronteiras físicas e mentais nos processos de aprendizagem, desenvolvimento e evolução.

Havemos de concordar que a saída para as crises que vivemos está muito mais na criatividade humana do que na sua adaptação ao meio. As amebas, por exemplo, estão muito bem adaptadas ao meio ambiente; por isso, continuam sendo amebas mesmo depois de milhões de anos. O ser humano continua sendo humano, é verdade. Mas ele não se conformou com a adaptação. Transcendeu. Povoou o planeta, diminuiu as distâncias e supriu as limitações físicas com as "próteses" que inventou: não corre como um leopardo, mas usa uma "prótese" chamada carro; não voa como um pássaro, mas usa uma "prótese" chamada avião; não consegue suportar o frio, mas usa uma "prótese" chamada casaco. Manuel Sérgio diz que, quando um animal foge, ele só vê caminhos que lhe permitam a fuga; quando outro está esfomeado, só vê situações possíveis de encontrar comida. "No homem, porém, a atenção ou curiosidade é um acto de vontade"[66].

É bem verdade que este ato de vontade muitas vezes direcionou o ser humano a fazer mau uso de suas "próteses", mas a questão é que, diante de cada desafio inusitado, de cada crise enfrentada, ele construiu uma resposta nova que o levou a um estado além do estado de equilíbrio dinâmico que se encontrava anteriormente.

No nível mais elevado de autotranscendência, a integração, a síntese, a comunidade, a comunicação, a comunhão com o cosmo tornam-se necessidades prementes, que ultrapassam o nível das buscas egoístas de bem-estar e proveito pessoal. Caminhar no sentido da transcendência é, em última instância, uma experiência de conexão

---

66. Manuel Sérgio. *Motricidade humana: uma nova ciência do homem!, op. cit.*

com a natureza. "A sintonia profunda com a Terra faz parte da plenitude humana e significa um manancial de sabedoria e paz para a mente. O sentimento de união e harmonia com a Terra (...), básico para a humanidade, é um dos alicerces da unidade humana"[67].

Flexibilidade e diversidade

Sistemas não são redes rígidas de relacionamentos, mas sim flutuantes: densidade populacional, nutrientes, temperatura, umidade, hormônios, ondas cerebrais, corpo discente, corpo docente, auxiliares, direção, material didático, programas de computadores. Estes e outros *diversos* componentes de um sistema são *flexíveis*, variáveis, podem se expandir ou se recolher. Quando uma relação é rígida, a tendência é o rompimento, a quebra. Quando uma relação é flexível, a tendência é a aproximação, a cooperação.

A diversidade, por sua vez, está ligada à resistência das relações existentes num sistema. Quanto mais complexa é uma rede e quanto mais diversificadas são as ligações entre seus componentes, mais resistente ela se torna. Esta rede poderá até perder algumas conexões sem que o todo seja substancialmente prejudicado.

Daí a importância do trabalho em grupo. A flexibilidade e a diversidade permitem que um grupo busque alternativas diferentes para a solução de um mesmo problema. Quando um professor permite a interação dos alunos, cria situações-problema e valoriza a discussão e a reflexão; a apresentação das "saídas" pode demandar mais tempo. Porém, quando atingido o objetivo do grupo, o entendimento e a argumentação tendem a ser mais consistentes do que nos casos de solução individual, não compartilhada.

---

67. *Conceitos para se fazer educação ambiental, op. cit.*

NO ORIENTE: TAO, YIN E YANG

Para falar da abordagem sistêmica, comumente são usadas metáforas como "rede" (*web*, em inglês) ou "teia". Se eu me considerar como um fio de uma teia de relações, inevitavelmente me considerarei afetada por outros fios, que exercem influências "externas" a mim (daí a relatividade da minha autonomia). Mas, se tomo consciência de que eu, fio, sou apenas parte de uma só teia, "influências externas" deixam de existir; afinal, se sou parte de um todo, então nada no todo pode ser considerado externo. Esta idéia básica da abordagem sistêmica, segundo Capra:

> ... parece ser compatível com os pontos de vista das tradições místicas que exortam seus adeptos a transcender a noção de um "eu" isolado e a tomar consciência de que somos partes inseparáveis do cosmo em que estamos inseridos. *O objetivo dessas tradições é o completo desprendimento de todas as sensações do ego e (...) a obtenção da fusão com a totalidade do cosmo*[68]. (Grifo meu.)

Os chineses demonstram uma profunda compreensão da unicidade, bem como da natureza cíclica de todas as coisas. E há muito tempo vêm divulgando essa compreensão. Vejamos o que diz a seguinte transcrição de um diálogo ocorrido há cerca de 4500 anos, quando o Imperador Amarelo se dirigiu ao seu ministro, Ch'i Po, e perguntou:

> — Ouvi dizer que nos tempos antigos as pessoas viviam mais de um século e mesmo assim permaneciam ativas e não se tornavam decrépitas

---

68. Capra, Fritjof. *O ponto de mutação, op. cit.*

nas suas atividades. *Hoje em dia*, porém, as pessoas só vivem metade desses anos e mesmo assim tornam-se decrépitas e débeis. É porque o Mundo muda de geração para geração? Ou será porque a espécie humana negligencia as leis da Natureza?

E Ch'i Po respondeu:

— Antigamente, essas pessoas que compreendiam o *Tao* (o caminho do autodesenvolvimento) moldavam-se de acordo com o *Yin* e o *Yang* (os dois princípios da natureza) (...) Havia temperança no comer e no beber. As suas horas de levantar e recolher eram regulares e não desordenadas e ao acaso. Graças a isso, os antigos conservavam seus corpos unidos às suas almas, a fim de cumprirem por completo o período de vida que lhes estava destinado, contando cem anos antes do passamento. *Hoje em dia* as pessoas não são assim...[69]. (Grifo meu.)

Leitor, preste bastante atenção. O "hoje em dia" deste diálogo foi dito há 4500! Isto quer dizer: 2500 anos antes de Cristo! No nosso atual "hoje em dia", em pleno terceiro milênio, discorrer sobre uma sabedoria tão antiga é um grande desafio, principalmente porque a espécie humana continua negligenciando as leis da Natureza como se não fosse parte dela, a tal ponto que a Natureza, alterando suas leis, respondeu ao homem como se ele fosse uma incômoda e inconveniente urticária.

O desafio não está só na antiguidade do conhecimento. Ele continua quando me dou conta de que não estamos inseridos numa cultura que domina o sistema ideográfico de escrita, nem estamos acostumados com um pensamento não-linear. Como o próprio nome diz, "ideogramas" transmitem idéias presentes na cultura chinesa. Ao ler uma frase, um chinês capta o contexto onde está determinado ideograma e, assim, sabe o seu significado. No momento da tradução, porém, nem sempre é possível transmitir o exato significado de uma idéia. Afinal, como dar uma explicação linear para símbolos que não têm linearidade alguma? Ciente dessas barreiras, tentarei abordar três dos mais importantes conceitos do pensamento chinês: *Tao*, *Yin* e *Yang*.

---

69. *Nei Ching: o livro de ouro da medicina chinesa*. Rio de Janeiro, Domínio Público, s/d, p. 7.

Tao

A tradução mais freqüentemente encontrada para o ideograma *Tao* é "Caminho" (Minick, 1975; Chow e Spangler, 1982; Berk, 1986; Bond, 1986; Allison, 1989; Da Liu, 1990; Blofeld, 1994; Chia, 1994; Clifford, 1995). Para Wu[70], o *Tao* é, ao mesmo tempo, o caminho, o ato de caminhar e ainda aquele que está caminhando. Segundo Boff, "pode significar o caminho do universo, das coisas e das pessoas, a energia primordial que tudo pervade e orienta. Quando interiorizado na pessoa, significa transfiguração e união com o Todo e com tudo"[71]. Já Hansen[72] afirma que é difícil encontrar um termo que signifique "caminho" em todos os sentidos possíveis, por isso, propõe vários correlatos que transmitem essa idéia: curso, padrão, costume, hábito, maneira, prática, método, processo, direção, sentido, estilo, modo, mecanismo. E, ainda, segundo Dreher[73]:

> ...*Tao* quer dizer "O caminho", ao mesmo tempo trajetória e princípio de ordem. Tradutores explicaram a palavra como o princípio único que fundamenta toda a criação, as leis da natureza, a verdade e a fonte da vida inteira. O caracter chinês que corresponde a *Tao* combina uma cabeça, que representa a sabedoria, com o símbolo que representa a caminhada. Uma tradução literal seria mais ou menos a de marcha pelo caminho da sabedoria, combinando teoria e práxis.

Embora haja inúmeras explicações e definições para *Tao*, todas são imprecisas ou mesmo incorretas, se realmente considerarmos o que Lao-Tsé (ou Lao-Tzu), criador deste termo, procurou transmitir. No primeiro capítulo de seu livro, *Tao Te Ching* (o livro da virtude e do caminho), escrito por volta de 600 anos antes de Cristo, Lao-Tsé diz:

---

70. Wu, Jyh-Cherng. *Tai chi chuan: a alquimia do movimento.* 4ª ed. Rio de Janeiro, Mauad, 1998.

71. Boff, Leonardo. *O despertar da águia: o dia-bólico e o sim-bólico na construção da realidade, op. cit,* p.174.

72. Hansen, Chad. "Language in the heart-mind". *In:* Allison, Robert E. *Understanding the chinese mind: the philosophical roots.* Hong Kong, Oxford University Press, 1989.

73. Dreher, Diane. *O Tao da paz: guia para a paz interior e exterior.* Rio de Janeiro, Campus, 1991, Introdução, p. II.

O *Tao* que pode ser enunciado não é o *Tao* absoluto;
o nome que lhe pode ser dado não é o Nome adequado.
O não nomeado é a origem do Céu e da Terra,
o nomeado é a mãe de todas as coisas[74].

Com isso, Lao-Tsé apresenta o *Tao* como um conceito tão complexo, infinito e absoluto, que a mente humana não seria capaz de criar uma palavra que o definisse com exatidão. Se pudermos enunciá-lo, deixará de ser absoluto; se pudermos nomeá-lo, deixará de ser o *Tao*. Esse "algo que não se pode nomear" é a essência primordial de todas as coisas. A partir do momento em que o *Tao* é nomeado, nascem dele todas as coisas e suas respectivas representações humanas.

Em seu significado cósmico original, *Tao* é a realidade última, subjacente e indefinível, que unifica tudo de material e imaterial que há no universo, e, ainda, ao mesmo tempo, *Tao* é o caminho que se trilha em direção a esta unidade universal. Para representar este conceito, os chineses utilizaram um círculo com o centro vazio, simbolizando o caminho e o caminhar, a essência e o processo do universo. Em tempos remotos, principalmente durante a Dinastia Han (206 a. C. -220 d. C.), um disco de jade era usado para simbolizar o celestial e indefinível *Tao*. O verde do jade — composto do azul do céu e do amarelo da terra — representa o anel da união, fundindo a manifestação à sua transcendência: oceano de vida sem começo nem fim[75].

Figura 6 — O símbolo do *Tao*.

---

74. Lao-Tzu, *apud* Normand, Henry. *Os mestres do tao: Lao-Tzu, Lie-Tzu, Chuang-Tzu*. São Paulo, Pensamento, 1988, p. 68.
75. Normand, Henry, *op. cit.*, p. 72.

Unindo "caminho" ao significado de seu símbolo, depreende-se que *Tao* é o caminho fluido, sem bloqueios, sem início nem fim — como um círculo. É o princípio ecológico do fluxo contínuo, com uma diferença: na Ecologia Profunda, o fluxo contínuo pode ocorrer em situações harmoniosas ou conflituosas; no *Tao*, o caminho percorrido está necessariamente ligado à noção de "fluir junto com o universo". Em termos mais claros, buscar o *Tao* é agir de modo a não bloquear o fluxo natural das coisas: não bloquear a existência de uma mata virgem, não bloquear a pureza do ar que respiramos, não bloquear o avanço de um aluno em determinada área pela qual ele se interessa, não bloquear o "desenvolvimento saudável" da vida escolar de um estudante, passando-o para uma turma ou para uma série mais avançada antes de ele ter condições de acompanhá-la...

Agir segundo o *Tao* não implica abraçar um *laissez-faire* ou permitir um espontaneísmo impensado. Muito pelo contrário. Para seguir o *Tao* é preciso uma mudança de pensamento e de postura perante a vida. Uma tomada de consciência sobre si mesmo e o mundo e, necessariamente, uma mudança de atitudes decorrente dessa consciência.

> Em tempos mais recentes, os confucionistas conferiram a esse termo interpretações distintas. Assim, falaram do *Tao* do homem ou do *Tao* da sociedade humana, entendendo-o como um modo de vida, num sentido moral[76].

Estas palavras de Capra justificam o motivo pelo qual o título deste livro é *O Tao da educação* — o relato de um modo de vida dentro da educação.

Há um provérbio chinês que diz: "Saber e não fazer, não é saber". Ora, o ser humano naturalmente sabe que deve seguir o *Tao*. Sabe que deve preservar a natureza, sabe que seus empreendimentos não devem ter conseqüências desastrosas para as futuras gerações, sabe que suas atitudes individuais não são isoladas e afetam a sociedade... *este é o Tao da humanidade*. O educador, por sua vez, também sabe que ele é um modelo a ser seguido pelos alunos, sabe que para ser

---

76. Capra, Fritjof. *O Tao da física*. 14ª ed. São Paulo, Cultrix, 1992, p. 85.

respeitado, deve respeitar os alunos e todos os que o rodeiam, sabe que seus desequilíbrios se refletem nas atitudes da classe toda... *este é o Tao da educação.*

Saber, todos nós sabemos. Mas... fazemos?

Yin e Yang

Como apresentei, o símbolo do *Tao* é um círculo com um espaço vazio no centro. O vazio é o que dá sentido a toda existência, é a semente de todas as manifestações universais. Essas manifestações são resultado da interação dinâmica entre dois pólos opostos, mas complementares: *Yin* e *Yang*. A ambos está associado tudo o que existe no universo (na natureza, na sociedade e no próprio homem). Por serem complementares, nada é puramente *Yin* ou puramente *Yang*; por serem dinâmicos, tudo oscila entre *Yin* e *Yang*. Essa dinâmica, aspecto essencial do universo, não ocorre como conseqüência de alguma força, mas é uma tendência natural, inata a todas as coisas e situações. Segundo Wilhelm, essa dupla polaridade[77]:

> ... é o "Grande princípio primordial" de tudo que existe, "t'ai chi" — que no sentido original significa "viga-mestra". (...) t'ai chi era representado por um círculo dividido em luz e escuridão, *Yang e Yin*: ☯. Esse símbolo (...) afirma apenas a viga-mestra, a linha. Com essa linha, que em si mesma representa a unidade, a dualidade surge no mundo, pois a linha determina, ao mesmo tempo, o acima e o abaixo, à direita e à esquerda, adiante e atrás — em suma, o mundo dos opostos.

Por intermédio da observação e da intuição, os chineses antigos identificaram características *Yin* e *Yang* em cada manifestação da natureza. De maneira geral, *Yang* é o símbolo do pai, do masculino e de tudo o que é forte, agressivo, racional, voltado para fora, para cima. *Yin* é o símbolo da mãe, do feminino e de tudo o que é frágil, receptivo, intuitivo, voltado para dentro, para baixo. Numa paisagem, a montanha é *Yang* e o vale é *Yin*. Numa planta, o caule é *Yang*

---

77. Wilhelm, Richard. "Introdução". *In: I Ching: o livro das mutações, op. cit.*, p. 9.

e a raiz é *Yin*. No corpo humano, a palma das mãos é *Yin* e o punho cerrado é *Yang*. A palma das mãos, quando bate é *Yang*, quando acaricia é *Yin*. O professor compreensivo é *Yin*, o agressivo é *Yang*. Numa palavra, a sílaba tônica é *Yang*, as demais são *Yin*. Os conteúdos conceituais e procedimentais são *Yang*, os atitudinais são *Yin*.

YIN	YANG
Escuro	Claro
Terra	Céu
Lua	Sol
Feminino	Masculino
Passivo	Ativo
Noite	Dia
Intuitivo	Racional
Umidade	Secura
Humildade	Orgulho
Cooperativo	Competitivo
Abaixo	Acima
Côncavo	Convexo
Figura	Fundo
Negativo	Positivo
Interno	Externo

Figura 7 — O símbolo do *T'ai Chi* e os atributos de *Yin* e *Yang*.

Ambos os opostos estão também relacionadas com o misticismo e com a ciência. *Yang* é o pensamento racional, linear, concentrado, analítico, pertencente ao domínio do intelecto, cuja função é discriminar, medir e classificar. *Yin* é o pensamento intuitivo, baseado na experiência direta e não-intelectual da realidade, tendendo a ser sintetizador, holístico e não-linear.

Segundo Huang[78], o *t'ai chi*, nome dado ao símbolo dos opostos, é a linha sinuosa que divide o círculo que, antes, representava o *Tao*. Ao mesmo tempo, *t'ai chi* é a "viga-mestra" que sustenta e equilibra essa divisão. Representa também a "coluna vertebral", que sustenta e equilibra o corpo, integra o sistema nervoso e leva as sensações do mundo interior e exterior ao córtex cerebral, para serem percebidas e devolvidas a esse mundo por meio da motricidade.

Como apresentei numa publicação anterior, o *t'ai chi chuan* (do chinês, *chuan*: punho, prática, estilo, forma) é uma modalidade de kung fu desenvolvida a partir do estudo do símbolo do *t'ai chi* e de suas aplicações. O objetivo primeiro desta arte é a busca da harmonia entre *Yin* e *Yang*, por meio de exercícios que preservam a integridade da coluna vertebral, com técnicas específicas de respiração e de meditação[79]. Despeux chega a afirmar que nenhum outro pensamento, além do chinês, desenvolveu tanto as analogias entre o universo (macrocosmo) e o corpo humano (microcosmo). O *t'ai chi*, explica a autora, é um sistema de representações aplicável a todos os domínios: tanto o universo quanto o corpo humano são um *t'ai chi*. Durante sua prática, a pessoa harmoniza o pequeno universo que é seu corpo, ao mesmo tempo em que se põe de acordo com a harmonia geral do universo[80]. A autora acrescenta:

> Todos os elementos do Taiji quan estão classificados em Yin-Yang ou em termos complementares (...) Assim, as costas são Yang, o ventre

---

78. Huang, Al Chung-liang. *Expansão e recolhimento: a essência do T'ai Chi.* 4ª ed. São Paulo, Summus, 1979.

79. Lima, Luzia Mara S. "T'ai chi chuan: a prática do Tao". *In*: Anais do 3º Congresso Latino-Americano — ICHPER, Cascavel, Gráfica Universitária, 1996b.

80. Despeux, Catherine. *Tai-Chi Chuan: arte marcial, técnica da longa vida.* 5ª ed. São Paulo, Pensamento, 1993, p. 49.

é Yin; (...) o rosto é Yang, a nuca, Yin (...) A mão levada para a frente é Yang, a mão levada para trás, Yin; a mão acima, Yang, a mão abaixo, Yin.

Os termos complementares que servem para definir os movimentos são, em geral, os de mobilidade/imobilidade, flexibilidade/rigidez, abertura/fechamento. Mas, assim como no seio do *Yang* reside o *Yin* e no seio do *Yin*, o *Yang*, assim na imobilidade há mobilidade e na mobilidade, imobilidade[81].

---

81. Despeux, Catherine. *Tai-Chi Chuan: arte marcial, técnica da longa vida*, *op. cit.*, pp. 54-5.

EM BUSCA DE UM
EQUILÍBRIO DINÂMICO

Qual é o melhor professor: o agressivo ou o compreensivo? Qual é o melhor aluno: o extrovertido ou o introvertido? Qual é a melhor sílaba: a tônica ou a átona? Se pudermos optar por uma dessas alternativas, então poderemos também escolher o melhor entre céu e terra, Sol e Lua, água e fogo, claro e escuro, caule e raiz... O equilíbrio que se busca não é a opção por uma dessas polaridades em detrimento da outra, mas a harmonia entre ambas. Segundo Boff[82]:

> A lógica do universo e de todos os seres nele existentes é esta: organização — desorganização — interação — reestruturação — nova organização. Nunca há um equilíbrio estático, mas dinâmico e sempre por se fazer. Sempre há a eco-evolução. A virtude principal não é a estabilidade, mas a capacidade de criar estabilidades novas a partir de instabilidades. A lógica da natureza não é recuperar o equilíbrio anterior, mas gestar novas formas de equilíbrio aberto. Esta aptidão permite à vida desenvolver-se, produzir a diversidade e perpetuar-se. A vida inventa até a morte para poder continuar num nível superior e mais aberto.

Analisando o símbolo do *t'ai chi* vemos em *Yin* um pequenino círculo *Yang* e em *Yang* um pequeno círculo *Yin*, representando sementes de um pólo que nascem dentro do outro, num constante movimento circular. Algumas vezes, o *t'ai chi* já foi simbolizado "na forma de dois peixes imbricados, em que os dois pontos correspondiam

---

82. Boff, Leonardo. *O despertar da águia: o dia-bólico e o sim-bólico na construção da realidade, op. cit.*, p. 19.

aos olhos"[83]. Posicionados em semicírculo, o nado dos peixes os fariam alternar constantemente suas posições.

O equilíbrio dinâmico, fazendo uma analogia, é como o "andar de bicicleta": se tombarmos muito para a direita ou para a esquerda, certamente cairemos; se brecarmos de forma repentina ou dermos um arranque muito veloz, seremos atirados para a frente ou cairemos para trás. Nem para um lado, nem para outro; nem rápido, nem parado; nem *Yin* nem *Yang*; estar equilibrado é seguir junto com o movimento, acompanhando seu fluxo dinâmico.

Na obra *Yin-Yang: polaridade e harmonia em nossa vida*, Market aborda as características *Yin* e *Yang* que geralmente estão presentes tanto nos orientais (que possuem uma orientação mais *Yin*), quanto nos ocidentais (mais *Yang*). Seus enunciados seguem plenamente a noção de *T'ai Chi* (equilíbrio entre opostos), segundo a qual "o que é bom não é *Yin* ou *Yang*, mas o equilíbrio dinâmico entre ambos, o que é mau ou nocivo é o desequilíbrio entre os dois"[84]. Uma síntese das considerações do autor são transcritas a seguir:

OCIDENTE	ORIENTE[85]
Individualista, empreendedor, porém também solitário, egoísta e ambicioso.	Orientação voltada para a comunidade; os bens são repartidos, porém os direitos dos indivíduos são menos respeitados.
Voltado para o progresso e para as inovações, porém superficial e sem raízes.	Repousa em tradições preservadas, porém agarra-se, com freqüência, às formas, às cerimônias e às idéias ultrapassadas.
Domina o meio ambiente e a natureza, porém destrói o equilíbrio natural com facilidade.	Harmoniza-se melhor com a natureza, porém também sofre muito por sua causa, ou deixa-se dominar pelas circunstâncias.

---

83. Despeux, Catherine. *Tai-Chi Chuan: arte marcial, técnica da longa vida, op. cit*, p. 49.

84. Capra, Fritjof. *O ponto de mutação, op. cit.*, p. 33.

85. Market, Cristopher. *Yin-Yang: polaridade e harmonia em nossa vida*. São Paulo, Cultrix, 1992, pp. 38-9.

OCIDENTE	ORIENTE
Voltado para o céu, com ideais elevados e grandes pretensões, porém arrogante e sem sensibilidade para com as necessidades terrenas e corporais.	Pisa com ambos os pés na terra, não tem grandes ilusões, e desconhece qualquer deus todo-poderoso no céu. Desprovido de pretensões e sem princípios firmes.
Domina o corpo, mas também é inimigo de seu corpo e repressor das necessidades corporais.	Está em sintonia com o corpo, mas com freqüência é dominado pelas necessidades corporais.
Ativo, ansioso, agressivo, mas incapaz de relaxar e de permitir que a natureza siga o seu próprio curso.	Em sintonia com o seu "eu interior", o seu eixo está em repouso; mas, muitas vezes, perde a iniciativa ao lidar com o mundo exterior.
Pode controlar ou sublimar o ímpeto sexual, mas, muitas vezes, é frio de sentimentos ou desprovido de naturalidade.	Postura natural em relação ao erotismo, mas, muitas vezes, dominado pelos sentimentos e pelas paixões sensuais.
Racional, lógico, sistemático, porém também frio, rígido e unilateral.	Intuitivo, de capacidade sentimental e sensual, porém também irracional, irresponsável, imprevisível e supersticioso.
Os médicos encaram o corpo como máquinas relutantes que precisam ser consertadas com freqüência, com métodos complicados.	Os médicos compreendem a natureza humana e suas leis curativas, porém os seus métodos são, muitas vezes, irracionais.
A tecnologia é contemplada como uma meta em si mesma e é incentivada ao mais alto florescimento, porém, muitas vezes, já não serve às necessidades humanas.	Somente se utiliza da tecnologia em casos de urgência, e ela não é bem compreendida; daí a necessidade de, muitas vezes, dispensar sua ajuda.
Voltado para o mundo exterior e desejoso de causar impressão, perde, entretanto, facilmente o contato com o "eu interior", tornando-se neurótico.	Vive mais em sintonia com a natureza humana e suas necessidades intrínsecas, mas não consegue se afirmar tão bem diante de circunstâncias exteriores.

PEQUENAS MUDANÇAS — GRANDES ALTERAÇÕES

No símbolo do *t'ai chi*, podemos encontrar diferentes estágios ou intensidades. Enquanto *Yang* nasce e se desenvolve plenamente, *Yin* decresce e morre. Em contrapartida, enquanto *Yin* surge e se fortalece, *Yang* enfraquece e se vai.

Consideremos, por exemplo, o lado *Yin*. A extremidade pontiaguda e estreita de *Yin* representa seu início, seu nascimento, sua pouca intensidade. A área mais larga, onde está contida a semente *Yang*, é a maturidade, o clímax, o seu potencial máximo; e a extremidade arredondada, justamente por dividir seu espaço com o início do lado *Yang*, é o declínio, o abandono ou a morte de *Yin*. Com o lado *Yang* acontece o mesmo. Assim, o final de um dá lugar ao começo do outro; a ascensão de um ocorre enquanto o outro declina. Observemos a seqüência de símbolos e sua respectiva coluna, que apresento na próxima página.

Considerando a região localizada no quarto inferior esquerdo dos símbolos, no *t'ai chi* (1) temos a seta indicando o início ou nascimento de *Yang* e de tudo ao que ele se refere, como a primavera e o amanhecer. Em (2), o símbolo girou 45° em sentido anti-horário e temos, então, a seta apontando para a região onde *Yang* se torna intenso, atingindo o seu potencial máximo. Em (3), *Yang* perde a intensidade, abrindo espaço para *Yin*, que começa a aparecer. Por fim, em (4), *Yin* atinge seu ponto extremo e, como a todo processo de ascensão segue-se o declínio, *Yin* cede e tem início um novo ciclo (1)-(2)-(3)-(4)-(1)-(2)-(3)-(4)-(1)-(2)...

Sabendo que os ciclos, as oscilações, as mudanças são a constância de todos os eventos, o educador pode planejar sua atuação observando o padrão da escola, da classe ou do aluno e, ao mesmo tempo, considerando que este padrão é cíclico, mutável, dinâmico. Consciente dos ciclos, é possível manter uma dinâmica equilibrada de relacionamentos com as pessoas e com o próprio objeto de estudo em questão, de modo a promover qualitativamente a aprendizagem de todo o grupo. Mais ainda, esta consciência dá abertura suficiente para o educador avaliar as aprendizagens, reajustar seu planejamento e empreender ações corretivas enquanto ele ainda estiver diretamente envolvido com aquele determinado microssistema.

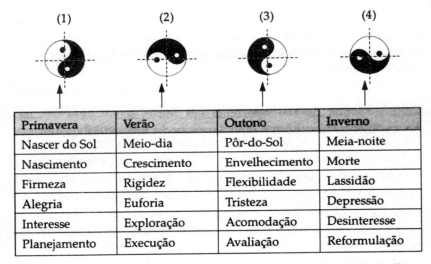

Figura 8 — Os ciclos do *t'ai chi* — esquema elaborado a partir do *I Ching*. (Lima, Luzia Mara S., 1999a).

Mudanças no decorrer do processo educativo são previsíveis, portanto, deveriam fazer parte do planejamento, da avaliação, do cotidiano escolar. Não se trata de prever exatamente quais serão estas mudanças, como se pudéssemos predeterminar quais eventos irão ou não acontecer. Por outro lado, não estou defendendo que um processo educativo bem-sucedido não precise de planejamento, análise ou avaliação. Afirmo que, embora o planejamento seja feito (e ele é necessário), eventos imprevisíveis acontecerão inevitavelmente, como ciclos.

Na educação, como em todos os sistemas, mudanças radicais tendem a gerar ruptura e desequilíbrio. Não resolve negar *Yang* em detrimento de *Yin* ou vice-versa, tomando atitudes contrárias às que vinham sendo adotadas, ou impondo as alterações a serem feitas. Já estamos vivendo um processo de incorporação de uma nova postura, composta de senso solidário e ético, que valoriza tanto a objetividade de suas "regras disciplinares" quanto a intersubjetividade que nelas estão implícitas, como o respeito, a empatia, a solidariedade, a disciplina, o diálogo e a compreensão. Para que essas mudanças aconteçam de forma harmônica, seria importante considerar o que Lao-Tsé apresenta no capítulo 63 do *Tao Te Ching*[86]:

> Enfrente a dificuldade
> enquanto ainda é fácil.
> Resolva os grandes problemas
> enquanto ainda são pequenos.
> Evitar os grandes problemas
> tomando pequenas medidas
> é mais fácil do que solucioná-los.
> Por isso a pessoa Tao
> é previdente e vive com sabedoria,
> realizando grandes coisas
> através de pequenas ações.

Quando um aluno tem uma dificuldade específica, é mais provável que ele a supere se ela for detectada no início, enquanto ele tiver apenas dúvidas sobre um assunto. Caso contrário, o que era uma dificuldade inicial pode se tornar um grande problema, atrapalhando a aprendizagem naquela área de estudo ou, em casos extremos, levando à evasão.

"Desvias uma polegada, e errarás mil léguas" — diz um provérbio chinês.

Na maioria das escolas, "polegadas" são diariamente transformadas em "léguas"— léguas tão distantes quanto as filas de espera nos consultórios dos psicólogos, psicopedagogos, neurologistas.

---

86. Lao-Tsé, *apud* Dreher, Diane. *O Tao da paz: guia para a paz interior e exterior*, op. cit., p. 167.

O problema é que, nesses casos desviantes, "quando impera a pergunta 'o que a criança tem?', predomina o trabalho em relação ao que 'falta a ela ter'"[87]. E se deixa de lado a responsabilidade do professor por aquilo que ele próprio não tem.

Antes de fazer um encaminhamento indiscriminado aos especialistas competentes para lidar com "os problemas dos alunos", o professor deveria primeiro rever e modificar a sua própria prática educativa. Aprendendo com os ciclos da natureza e a sutileza de suas alterações, também o educador, em doses homeopáticas, poderá ser capaz de modificar a representação que faz de seu papel profissional, o seu dia-a-dia na escola e, quem sabe, a própria escola:

> Variar o local e o ritmo das aulas é uma mudança simples, em comparação com o procedimento pedagógico habitual. E esta mudança pode causar uma enorme diferença em termos da motivação e do nível de entendimento dos alunos, podendo ser implantada com um mínimo de alteração, se comparada ao que a escola normalmente oferece; com uma pequena dose de engenhosidade pode ser posta em prática[88].

---

87. Machado, Adriana Marcondes. "Avaliação e fracasso: a produção da queixa escolar". *In*: Aquino, Julio G. (org.). *Erro e fracasso na escola: alternativas teóricas e práticas, op. cit.*, p. 88.

88. Schutz, Will. *Profunda simplicidade: uma nova consciência do eu interior, op. cit.*, p. 176.

O PONTO DE MUTAÇÃO

O momento de transição de *Yin* para *Yang* é um foco de muita atenção para o pensamento chinês. No clássico *I Ching*, o capítulo 24❦, "Retorno" (às vezes traduzido como "Transição" ou "Ponto de Mutação"), trata especificamente deste momento[89]:

> Após uma época de decadência vem o ponto de transição. A luz poderosa que tinha sido banida retorna. Porém, esse movimento não é provocado pela força (...) o movimento é natural e surge espontaneamente. Por isso a transformação do antigo também torna-se fácil. O velho é descartado e o novo, introduzido. Ambos os movimentos estão de acordo com as exigências do tempo e, portanto, não causam prejuízos.

Uma vez que o apogeu do equilíbrio é atingido, ocorre naturalmente um declínio, para dar lugar a um novo patamar de equilíbrio, como aconteceu com o ciclo de ascensão e queda das civilizações egípcia, assíria, helênica, islamita e cristã ortodoxa, por exemplo. No meu entender, o conceito de "transição ecológica" apresentado por Bronfenbrenner tem o mesmo significado de "ponto de mutação". Segundo o autor, transições ecológicas são:

> ... mudanças de papel ou ambiente, que ocorrem durante toda a vida. Exemplos de transições ecológicas incluem a chegada de um irmão mais jovem, a entrada na pré-escola ou na escola, ser promovido, for-

---

❦ O *I Ching* apresenta 64 hexagramas, derivados da combinação de oito trigramas que, por sua vez, derivam da combinação de linhas *Yin* e *Yang* que representam o céu, a terra e a humanidade. Retorno é o hexagrama nº 24. Não pretendo neste livro definir termos como hexagrama, trigrama, linha mutante etc. Portanto, opto deliberadamente por chamar Retorno de capítulo, em vez de hexagrama.

89. *I Ching: o livro das mutações, op. cit.*, p. 92.

mar-se, encontrar um emprego, casar, ter um filho, mudar de emprego, mudar de casa e aposentar-se.

A importância desenvolvimental das transições ecológicas deriva-se do fato de elas quase invariavelmente envolverem uma mudança de papel, isto é, das expectativas de comportamentos associados a determinadas posições na sociedade[90].

"Transições ecológicas" são momentos de mudanças, mas quando é que esses momentos acontecem? Como Capra[91] explica, quando as estruturas e os comportamentos sociais se enrijecem demais, as pessoas não mais conseguem se adaptar a situações inusitadas. O processo criativo de evolução cultural então é barrado, a sociedade como um todo entra em colapso e, finalmente, se desintegra. Esta ruptura social é reflexo da falta de flexibilidade e, por conseguinte, da perda de harmonia entre seus elementos; mas, continua o autor, ainda que as idéias fixas e rígidas se mantenham dominantes, minorias criativas começarão a se posicionar em lugares de destaque. Então, como Capra acrescenta[92]:

> As instituições sociais dominantes se recusarão a entregar seus papéis de protagonistas a essas novas forças culturais, mas continuarão inevitavelmente a declinar e a desintegrar-se, e as minorias criativas poderão estar aptas a transformar alguns dos antigos elementos, dando-lhes uma nova configuração. O processo de evolução cultural continuará então, mas em novas circunstâncias e com novos protagonistas.

Com a globalização dos saberes, os professores e as instituições educativas já não sabem mais escolher o que devem transmitir, tamanho é o volume de informações que circula imediatamente pelo mundo. Diante dessa realidade, constata-se que a "...impossibilidade de 'conhecer tudo' originou a necessidade de aprender como se

---

90. Bronfenbrenner, Urie. *A ecologia do desenvolvimento humano: experimentos naturais e planejados, op. cit.*, p. 7.

91. Capra, Fritjof. *O ponto de mutação, op. cit.*

92. *Idem, ibidem*, p. 26.

relaciona o que se conhece, e a estabelecer sua vinculação com o que o aluno pode chegar a conhecer"[93].

Ao que me parece, este é o cenário onde estão sendo delineados os protagonistas desta nova era. Quem são eles? Aqueles que aprenderam a aprender.

---

93. Hernández, Fernando e Ventura, Montserrat. *A organização do currículo por projetos de trabalho*. 5ª ed. Porto Alegre, Artes Médicas, 1998, p. 49.

O DOMÍNIO YANG NA EDUCAÇÃO

Nos itens anteriores, apresentei a importância de se buscar um equilíbrio dinâmico entre as manifestações *Yin* e *Yang* na vida cotidiana e na educação. Observando as características ocidentais, vejo que temos valorizado sistematicamente o pólo *Yang* em detrimento do *Yin*. Segundo Boff, isso permitiu "que o racional recalcasse o emocional, que a ciência se inimizasse com a mística, que o poder negasse o carisma, que a concorrência prevalecesse sobre a cooperação e a exploração da natureza negasse o cuidado e a veneração"[94]. Assim, o conhecimento racional prevalece sobre a sabedoria intuitiva, a ciência sobre a religião, a competição sobre a cooperação, o professor sobre o aluno, a exploração de recursos naturais sobre a sua conservação, além da valorização da mente sobre o corpo, como se fossem entidades totalmente separadas.

A célebre frase de Descartes, *"Cogito, ergo sum"* — "Penso, logo existo" —, marcou enfaticamente este pensamento racional de nossa cultura e nos encorajou a nos retirarmos para nossas mentes. Esquecemos como "pensar" com nosso corpo e de que modo usá-lo como agente do conhecimento. Assim fazendo, também nos desligamos do nosso meio ambiente natural, deixando de comungar e cooperar com sua rica variedade de organismos vivos. Ao longo dos tempos, a exploração da natureza andou de mãos dadas com a exploração das mulheres[95]. A Terra (*Yin*), que simboliza uma nutriente e benévola mãe, também é vista como uma fêmea selvagem e incontrolável, que deve ser dominada pelo homem (*Yang*).

---

94. Boff, Leonardo. *O despertar da águia, op. cit.*, p. 111.
95. Capra, Fritjof. *O ponto de mutação, op. cit.*

Os resultados desse domínio, bastante conhecidos, têm vários nomes: "efeito estufa" e "evasão escolar" são apenas dois deles.

Na educação, o domínio *Yang* é representado por professores detentores e depositários do saber. A auto-afirmação dos alunos, por exemplo, "é recompensada no que se refere ao comportamento competitivo, mas é desencorajada quando se expressa em termos de idéias originais e questionamento da autoridade"[96]. Talvez eu seja otimista demais, mas vejo que esta hierarquia desmedida do professor sobre o aluno está mudando paulatinamente.

Hoje em dia, a mão-de-obra qualificada é aquela que produz respostas novas para antigos problemas, ou que solucionam novos problemas de forma inovadora. As "verdades científicas" são refutadas com tanta rapidez que, em breve, um conceito ensinado na escola não terá mais que dois ou três anos de validade. Além disso, a facilidade com que navegamos pelas informações jamais permitirá ao professor ter como tarefa primordial a transmissão de informações. Terá, sim, que ser um gestor delas, valorizando as respostas criativas, imprescindíveis para a nossa evolução e autotranscendência. Um dia, a maioria das situações educativas será um desafio à criação. Quando isso acontecer, teremos alterado nossos antigos valores e harmonizado *Yin* e *Yang*. Teremos chegado ao que Ferguson[97] chama de "novo paradigma do aprendizado", e ao que chamo de "maneira t'ai chi de educar".

PRESSUPOSIÇÕES DO VELHO PARADIGMA DE EDUCAÇÃO	PRESSUPOSIÇÕES DO NOVO PARADIGMA DO APRENDIZADO
Ênfase no *conteúdo*, adquirindo um conjunto de informações "corretas", de uma vez por todas.	Ênfase em aprender como aprender, como fazer boas perguntas, prestar atenção às coisas, manter-se aberto aos novos conceitos e a avaliá-los, ter acesso à informação. O que agora se "sabe" pode mudar. A importância do *contexto*.

---

96. Capra, Fritjof, *O ponto de mutação, op. cit.*, p. 41.
97. Ferguson, Marilyn. *A conspiração aquariana*. Rio de Janeiro, Record, s/d.

PRESSUPOSIÇÕES DO VELHO PARADIGMA DE EDUCAÇÃO	PRESSUPOSIÇÕES DO NOVO PARADIGMA DO APRENDIZADO
Aprendizado como um *produto*, uma destinação.	Aprendizado como um *processo*, uma jornada.
Estrutura hierárquica e autoritária. Recompensa o conformismo, desencoraja a divergência.	Igualitária. Sinceridade e divergências permitidas. Alunos e professores se vêem uns aos outros como gente, não como funções. Encoraja a autonomia.
Dor e doenças são completamente negativas.	Dor e doenças são informações sobre conflitos e desarmonias.
Estrutura relativamente rígida, currículo predeterminado.	Estrutura relativamente flexível. Crença de que há muitos caminhos para se ensinar determinado assunto.
Progresso controlado, ênfase nas idades "apropriadas" para certas atividades, segregação por idade. Compartimentado.	Flexibilidade e integração por grupos de idade. O indivíduo não é automaticamente limitado em qualquer assunto pela idade.
Prioridade na realização.	Prioridade na auto-imagem como geradora de realização.
Ênfase no mundo exterior. A experiência interior com freqüência considerada inapropriada na moldura escolar.	A experiência interior encarada como contexto para o aprendizado. Uso de imagens, relatos de histórias, diários de sonhos, exercícios de "centralização" e encorajamento da exploração de sentimentos.
Desencorajamento de dúvidas e do pensamento divergente.	Encorajamento das dúvidas e do pensamento divergente como parte do processo criativo.
Ênfase no pensamento analítico linear, do cérebro esquerdo.	Esforço na educação para todo o cérebro. Aumento da racionalidade do cérebro esquerdo com estratégias holísticas, não-lineares, intuitivas. Ênfase, na confluência e na fusão dos dois processos.
A rotulação (corretivo, dotado, cérebro em disfunção mínima etc.) contribui para o autopreenchimento de vaticínios.	A rotulação usada apenas em um papel consagrado pelo uso, e não como uma avaliação fixa que arruina a carreira educacional do indivíduo.

PRESSUPOSIÇÕES DO VELHO PARADIGMA DE EDUCAÇÃO	PRESSUPOSIÇÕES DO NOVO PARADIGMA DO APRENDIZADO
Preocupação com normas.	Preocupação com a realização do indivíduo em termos de potencial. Interesse em testar os limites exteriores, transcendendo os limites visíveis.
Confia principalmente no conhecimento teórico e abstrato, no "conhecimento livresco".	O conhecimento teórico e abstrato amplamente complementado por experimentos e pela experiência não só nas salas de aula como fora delas. Viagem ao campo, aprendizagem, demonstrações, visitas a especialistas.
Salas de aula planejadas para eficiência e conveniência.	Preocupação com o ambiente do aprendizado; iluminação, cores, arejamento, conforto físico, necessidade de privacidade e de interação, atividades calmas e fartas.
Burocraticamente determinadas, resistentes aos anseios da comunidade.	Encorajamento dos anseios da comunidade, até mesmo do controle pela comunidade.
A educação é encarada como necessidade social durante certo período de tempo, para inculcar um mínimo de capacidade e de treinamento para o desempenho de determinado papel.	A educação é vista como um processo que dura toda a vida, relacionado apenas tangencialmente com a escola.
Aumento de confiança na tecnologia (equipamento audiovisual, computadores, fitas, textos), desumanização.	Tecnologia apropriada, relacionamento humano entre professores e educandos são de importância fundamental.
O professor proporciona conhecimentos. Rua de mão única.	O professor é um educando também, aprendendo com seus alunos.

Diante dessas pressuposições, encontro um paradoxo aparente: para atingirmos uma educação *branda*, é necessário uma mudança *radical*. Mas o paradoxo "brando/radical" é apenas aparente, porque radical não é a forma como essas modificações devem se dar. Radical é a diferença entre a postura atual e a que se pretende construir a partir das alterações educacionais propostas. Com tais alterações,

93

então, a melhor escola não será aquela que possuir *mais* computadores, *mais* material didático, *mais* professores, *mais* alunos ou for a *mais* cara (o que é um absurdo!). Será aquela que souber tirar o *melhor* e mais *qualitativo* proveito dos professores e dos alunos, valorizando o potencial de cada um.

Investir no lado humano dos recursos educacionais implica mudança de antigas crenças, como, por exemplo, a de que o estudo e o trabalho são incompatíveis com o prazer. A educação não precisa ser do jeito de que nos lembramos. Trabalhar pode ser gostoso. Estudar pode gerar felicidade. Acontece que o "modo *Yang* de ser e pensar" tem nos feito valorizar pessoas sisudas, atividades maçantes, aulas "monólogos" e alunos calados, como se estas fossem as únicas formas de manifestação daquilo que é sério.

Uma vez que os valores educacionais acompanham os sociais, é preciso considerar que as atividades que têm maior valor, hoje em dia, são aquelas que criam bens caros e duradouros, como arranha-céus, aviões e ogivas nucleares. Tudo isto é contrário ao que se apresenta na ecologia profunda ou no pensamento chinês. Os monges do Tibete consideram a culinária ou a jardinagem um tipo de prática meditativa muito valorosa. Os artistas marciais costumam prezar pela limpeza dos locais onde desenvolvem sua prática, como sinal de igual "limpeza interior". Repetir muitas vezes um mesmo trabalho, enfim, ajuda a reconhecer os ciclos da natureza, a impermanência das coisas e a ordem dinâmica do universo. Segundo Capra[98]:

> O trabalho "ordinário", como o significado da palavra indica, está em harmonia com a ordem que percebemos no meio ambiente natural. Tal consciência ecológica perdeu-se em nossa cultura atual, onde o valor mais alto foi associado ao trabalho que cria algo "extraordinário", algo fora da ordem natural. Não surpreende que a maior parte desse trabalho altamente valorizado esteja agora gerando tecnologias e instituições extremamente perniciosas para o meio ambiente natural e social.

Devemos ter consciência de que toda atividade é importante. Por isso, o educando deveria vivenciar diferentes tarefas, atividades e

---

98. Capra, Fritjof. *O ponto de mutação, op. cit.*, p. 244.

profissões, para que fizesse uma escolha profissional mais segura e adequada às suas características, valores, gostos, aptidões ou oportunidades de desenvolvimento futuro. Tais vivências poderiam também estar sensibilizando o aluno, levando-o a refletir e valorizar um pouco mais as funções que geralmente ficam à margem da sociedade.

A CIÊNCIA DA MOTRICIDADE HUMANA EM SUA VISÃO PEDAGÓGICA

O que faz um aluno quando não está na escola? Como é o seu dia-a-dia na família, no trabalho, na sociedade? Onde e com quem ele vive e mora? Quais são as áreas de conhecimento pelas quais ele mais se interessa?

Ao abordar essas questões, Régis de Morais[1] alertou para a existência de duas categorias diferentes de "menor abandonado": há o menor abandonado nas ruas — aquele que vai à escola ansioso pela hora da merenda, que fica pedindo esmolas nos cruzamentos das avenidas e que toma conta dos carros em troca de alguns centavos. E há o menor abandonado na frente da televisão — aquele que freqüenta as escolas mais elitizadas, que faz cursos de computação, tênis, natação, e que, finalmente, quando está em casa, passa horas absorto diante de seus "pais virtuais", às vezes a TV, às vezes o computador, procurando fazer com esses pais ligações afetivas mais virtuais ainda.

Mas há, ainda, os "menores não abandonados", que também devem ser considerados. São aqueles que vão à escola, que chegam em casa, fazem as tarefas, mas que não vêem a hora de se livrarem de tudo isso para poderem brincar na rua com os colegas, esticar um barbante entre dois postes e jogar vôlei, riscar o chão com um pedaço de tijolo para marcar os campos (e as regras) da queimada, pular amarelinha, andar de bicicleta, pular corda, jogar bola, brincar de

---

[1] "A educação numa sociedade enferma": palestra proferida pelo professor dr. João Francisco Régis de Morais, na Faculdade de Educação "Padre Anchieta" de Jundiaí, em agosto de 1998.

boneca, de carrinho... e, depois de tudo isso, voltar para casa e, na hora de dormir, deixar estampada, no rosto, a felicidade que sentiu nesta última parte do dia.

Com pesar, presencio crianças entrando "de cabeça" na escola, mas deixando "o corpo" e a felicidade do lado de fora. Mesmo quando o professor viabiliza o lúdico, o brincar, o jogar, normalmente ele não desce de seu patamar autoritário, manipula e controla o tempo, as regras, a organização, procurando fazer com que tudo saia como ele previamente estipulou. Claro que o professor não deve deixar a criança fazer tudo, sem critérios, a esmo, mas deve:

> ... ser flexível no tocante às mudanças do planejamento e do programa de curso; mostrar às crianças que elas devem ter limites; possibilitar troca de experiências da criança com o meio, envolvendo o espaço, as outras crianças e o próprio professor; procurar entender e aceitar as relações corporais existentes no mundo humano de um modo geral, para poder desempenhar o seu papel de educador[99].

Trazer o cotidiano familiar e social dos alunos para o processo educativo não é uma tarefa fácil, mas é possível. A escola poderia delegar ao aluno a responsabilidade de também zelar pela limpeza das salas de aula e demais ambientes, dar manutenção às cadeiras, mesas e paredes, fazer a merenda escolar, cuidar das plantas e dos jardins, inventar novas regras para as brincadeiras de rua, desenvolver pesquisas junto à comunidade, promover "atividades mais ativas" em sala de aula (durante as quais ele pudesse movimentar-se, expressar-se, manifestar-se perante os colegas e professores)...

Há uma lista imensa de procedimentos possíveis, que podem ser propostos não de forma coercitiva, mas cooperativa. Dependendo de "como o convite é feito", o aluno sente-se valorizado ao pintar uma parede, sua auto-estima pode se elevar e seu comportamento em geral pode ser alterado, positivamente, diante de todo o processo educativo que ocorre na escola. Por outro lado, também dependendo

---

99. Porto, E. T. R. "Mensagens corporais na pré-escola: um discurso não compreendido". *In*: Moreira, Wagner Wey (org.). *Corpo pressente*. Campinas, Papirus, 1995, p. 95.

de "como a obrigação é estipulada", o aluno pode sentir-se humilhado ao pintar a mesmíssima parede.

Procedimentos como esses implicam uma tomada de consciência de todos os participantes do processo de mudança educacional. Segundo Schutz, "através da tomada pessoal de consciência, eu, como estudante, estou em posição de propiciar a minha própria educação. Posso perceber o que quero aprender e como fazê-lo"[100]. Então, se a escola oferecer uma variedade de opções e condições para que os estudantes tenham um desenvolvimento ótimo, realizem seus "desejos de aprender", planejando e avaliando os caminhos que percorrem, provavelmente eles se tornarão conscientes da importância de buscar "serem cada vez melhores, por melhores que já sejam". Assim, os alunos "aprendem a honestidade ao se conhecerem integralmente e assumem responsabilidade por seu crescimento enquanto seres humanos"[101].

Para que houvesse uma educação *integral*, obviamente, deveriam estar *integradas* todas as atividades humanas presentes no dia-a-dia das instituições. Parafraseando Manuel Sérgio: a *diversidade* de ações na *unidade* da escola viabilizaria que o aluno transformasse em procedimentos os conceitos que ele forma no decorrer de suas aprendizagens, o que poderia igualmente levá-lo a ter atitudes coerentes com esses seus conceitos e procedimentos.

Daí a necessidade de propostas como a educação motora. Tendo seu ponto de ancoragem na ciência da motricidade humana, que contempla a pessoa como um "*ser integral*", as ações educativas da educação motora direcionam-se para uma "*práxis integral*". Essa ciência postula uma relação gratificante e solidária entre homem e natureza, não por uma questão de produção ou de consumo, "mas pela descoberta de um novo modelo cultural donde ressalte um vínculo ético e afectivo com o cosmos"[102].

---

100. Schutz, Will. *Profunda simplicidade: uma nova consciência do eu interior*, *op. cit.*, p. 177.

101. *Idem, ibidem*.

102. Manuel Sérgio. *Motricidade humana — uma nova ciência do homem!*, *op. cit.*, p. 18.

Ora, buscar um vínculo afetivo e ético com o cosmos significa buscar o *Tao*, manter um equilíbrio dinâmico entre *Yin* e *Yang*, e atingir uma consciência ecológica, em que o Eu, o livre-arbítrio, a autonomia e as influências externas perdem o sentido. Essa busca — pelo menos no mundo físico, tridimensional, observável pelo homem comum — só pode se dar pela motricidade: o operar humano.

DA EDUCAÇÃO FÍSICA PARA A EDUCAÇÃO MOTORA

Se é pela motricidade que o homem se descobre e descobre a sua relação com o cosmo, *então*, é imprescindível que a educação seja motriz (motora). Embora essa lógica "se — então" seja no mínimo plausível, ela não tem sido colocada em prática na maioria das escolas. Segundo Moreira, na tradição educativa positivista, os alunos evoluem por suas próprias potencialidades, ou seja, por sua "capacidade de memorização dos conteúdos já ministrados e definidos, numa ênfase à idéia, ao privilégio cognitivo, em detrimento do corpo como um todo"[103].

Há inúmeras maneiras de se proceder a uma educação motora, com materiais e situações que estão à nossa disposição, em qualquer disciplina e por toda parte do ambiente educacional. Ela pode se dar por intermédio da pintura de um quadro, da organização criativa de uma sala de aula, de uma conversa entre colegas ou entre professor e alunos, da composição e da interpretação de uma música, do recolher e reciclar um lixo... são incontáveis os "recursos" de um educador criativo. Mas, para os mais acomodados, esses recursos são apenas parte do mobiliário escolar ou corriqueiros acontecimentos diários, dentro de um monótono educar. Como Freire questiona[104]:

> Quer dizer que pensamento pode ser educado e audição ou tato não podem? Estranho nosso conceito de educação. O raciocínio lógico fica

---

103. Moreira, Wagner Wey. "Corpo pressente num olhar panorâmico". *In*: Moreira, Wagner Wey (org.). *Corpo pressente, op. cit.*, p. 28.

104. Freire, João Batista. "Antes de falar de educação motora". *In*: De Marco, Ademir (org.). *Pensando a educação motora, op. cit.*, pp. 40-1.

por conta da sociedade e a sensibilidade fica por conta da natureza. Pior é que não fica. (...) Pintar uma sala de aula, para que ela fique colorida em vez de cinzenta, é fazer educação motora. *Os sentidos são corpo, são sentir e representar, são sentir e expressar.* (...) Tanto quanto os sentidos não podem ficar à mercê da natureza, não podem crescer como um vegetal, também a motricidade precisa ser educada. *É livre para falar o homem que aprendeu a falar; é livre para ficar imóvel o homem que aprendeu a ficar imóvel* (...) *Do ponto de vista da prática da Educação Motora, a educação da motricidade significa educar as habilidades motoras que permitem ao homem expressar-se.* (Grifo meu.)

Prestemos bastante atenção na afirmativa do autor: "A educação da motricidade significa educar as habilidades que permitem ao homem expressar-se". Se considerarmos que as pessoas se expressam em todos os momentos da vida e que a escola deve viabilizar ao máximo a expressão adequada do aluno em relação ao mundo, me parece clara a necessidade de que a educação do ser humano, como quer Freire[105], seja uma educação de corpo inteiro (e não apenas de cabeças!). Quando não se atenta para isso, educa-se para a imobilidade, a rigidez, a inflexibilidade. Do contrário, abre-se para a transcendência, para novas descobertas, novas realizações. É pela motricidade e com o corpo que a pessoa expressa o que sente e pensa e, buscando o mais, transcende; pela mesma via, a pessoa percebe não apenas o mundo que a cerca, mas o próprio mundo interior[106].

Assim, quando toco uma rosa, "meus dedos a reconhecem", percebendo sua suavidade e compreendendo que se trata de uma flor. Quando estou com fome, meu estômago "pensa" que é hora de buscar alimento. Quando enfrento um desafio ou uma situação conflituosa, meu corpo todo reage ou com grande energia para resolver o caso, ou sem energia, como forma de fuga ou de esquiva.

As propostas pedagógicas da educação motora são diametralmente opostas ao que era desenvolvido pela educação física escolar em geral, calcada numa prática de adestramento, com a explícita intenção de transformar pessoas em corpos dóceis e obedientes.

---

105. Freire, João Batista. *Educação de corpo inteiro: teoria e prática da educação física*. São Paulo, Scipione, 1991.

106. Manuel Sérgio. *Motricidade humana: uma nova ciência do homem!*, op. cit.

Devido aos signos negativos impressos no nome "Educação Física", há uma corrente de estudiosos que propõe a mudança de sua nomenclatura para "Educação Motora"[107]. Embora o importante não seja o nome dado à disciplina, mas aquilo que se tem feito com ela, optar por "Educação Física" ou por "Educação Motora" não é mera preferência ou mudança conceitual, pois "a discussão aprofundada do termo deve gerar mudanças no nível da consciência profissional e da prática cotidiana"[108]. Trata-se, então, de rever valores em que:

- o corpo-objeto da educação física ceda lugar para o corpo-sujeito da educação motora;
- o ato mecânico no trabalho corporal da educação física ceda lugar para o ato da corporeidade consciente da educação motora;
- a busca frenética do rendimento da educação física ceda lugar para a prática prazerosa e lúdica da educação motora;
- a participação elitista da educação que reduz o número de envolvidos nas atividades esportivas da educação física ceda lugar a um esporte participativo com grande número de seres humanos festejando e se comunicando na educação motora;
- o ritmo padronizado e uníssono da prática de atividades físicas na educação física ceda lugar ao respeito pelo ritmo próprio executado pelos participantes da educação motora[109].

É a esta educação física que me refiro. Uma educação motora que corresponde a uma proposta pedagógica coerente com a ecologia profunda, com o pensamento chinês e, é claro, com a sua ciência da motricidade humana. A educação motora coloca em prática uma visão integrada, holística do ser humano no processo educativo.

---

107. Em 1994 foi realizado o I Congresso Internacional de Educação Motora, promovido pelo Departamento de Educação Motora da FEF/Unicamp, contando com a presença dos maiores expoentes mundiais no assunto, como Jean Le Boulch, Manuel Sérgio e outros.

108. De Marco, Ademir. "Educação física ou educação motora?". *In*: De Marco, Ademir (org.). *Pensando a educação motora, op. cit.*, p. 34.

109. Moreira, Wagner Wey. "Perspectivas da educação motora na escola". *In*: De Marco, Ademir (org.). *Pensando a educação motora, op. cit.*, pp. 101-2.

A EDUCAÇÃO MOTORA
E OS ESPORTES

Uma vez que o homem se expressa pela sua motricidade, a educação motora deve contemplar as formas de expressão do ser humano e valorizar, principalmente, expressões de respeito, solidariedade, perseverança, bom humor, flexibilidade, tolerância, cooperação...

Nos esportes, é comum vermos essas expressões acontecerem explicitamente, quando são liderados de forma positiva. Os times vencedores geralmente alcançam bons resultados em função da interação harmoniosa entre o grupo. Em contrapartida, mesmo contando com um atleta destacado, dificilmente um time atingirá a vitória sem a cooperação dos colegas. Por isso mesmo, o termo "time" foi guindado para as empresas que buscam a melhoria da qualidade. Ele transmite a idéia de conjunto, união, cooperação para que todos atinjam um fim comum. Uma única pessoa pode fazer uma grande diferença numa organização, mas, como Scholtes afirma[110]:

> ... raramente uma única pessoa possui conhecimento ou experiência suficientes para compreender tudo o que está envolvido no processo. (...)
> Quando o espírito de trabalho em equipe invade uma organização, todos os empregados começam a trabalhar juntos visando à qualidade — sem barreiras, sem facções, "todos em uma única equipe", movendo-se juntos na mesma direção.

É nítido o efeito que a qualidade de relacionamento dos atletas tem sobre os resultados atingidos pelo time. Quando saudável, a

---

110. Scholtes, Peter R. *Times da qualidade: como usar equipes para melhorar a qualidade.* Rio de Janeiro, Qualitymark, 1992, pp. 2-7/2-8.

competição pode permitir que uma pessoa chegue a um desempenho que dificilmente conseguiria alcançar sem a contraposição de outra. Segundo Schutz, a competição é prejudicial quando há a tentativa de trapacear, quando há um gasto excessivo de energia para ganhar ou, ainda, quando representa a diminuição do adversário. Do contrário, ela pode ser altamente positiva, preparando a pessoa inclusive para a competitividade da própria vida, às vezes expressa pela chamada "seleção natural"[111]. Assim, a presença do outro em situações de comparação e disputa pode levar a um significativo aprimoramento cognitivo, afetivo, motor e social[112]:

> A presença de um parceiro do outro lado da quadra convoca-me a ser veloz, coordenado, resistente e estratégico, o que já não acontece se me confronto com uma parede. (...) Ocasionalmente, o jogo vai além da mera competição. *O jogo adquire uma qualidade que transcende o nível do ganhar ou perder. Essa é uma experiência muito próxima da mística.* A excitação do jogo, o clima psicológico, o drama, a luta, as grandes realizações dos contendores transformam a experiência num momento espiritual. (Grifo meu.)

Quando, numa competição, se tem a oportunidade de vivenciar o fluxo dos acontecimentos e experienciar "de corpo e alma" a autotranscendência, ganhar ou perder torna-se secundário. Infelizmente, essas experiências são suprimidas da vida esportiva, por não serem recompensadas, mas, se fossem maciçamente valorizadas, "o esporte como um todo ampliaria seus horizontes, tornando-se, assim, uma atividade humana mais total"[113].

---

111. Schutz, Will. *Profunda simplicidade...*, op. cit.
112. *Idem, ibidem*, p. 168.
113. *Idem, ibidem*, p. 169.

KUNG FU: UMA PROPOSTA DE EDUCAÇÃO MOTORA

Aquilo que os esportes ocidentais hoje estão construindo tem sido desenvolvido no kung fu há centenas de anos. Enquanto os esportes e demais atividades físicas ocidentais foram primeiro criados e muito depois direcionados para um desenvolvimento psicossocial, na arte tradicional chinesa o percurso foi o inverso: primeiro havia a preocupação com a consciência humana e a necessidade de uma tomada de consciência ecológica, depois a arte foi desenvolvida, já com a intenção de suprir essa necessidade. Expressões como cooperação, respeito e perseverança estão presentes, e o trabalho em equipe é explicitamente valorizado. Durante a prática do kung fu, a parceria e a integração são tão fundamentais que, com o tempo, as duplas ou grupos chegam a perder a noção de que são partes isoladas. Este, aliás, é um objetivo a se destacar: o grupo deve atingir uma integração tão significativa que torna observável a complementaridade *Yin-Yang* (eu-tu, interno-externo, ataque-defesa, ativo-passivo). Nos raros momentos nos quais tamanha integração é atingida, duas ou mais pessoas transcendem o Eu individual e revelam-se como um só todo, visivelmente mais complexo que a soma de suas partes — são as experiências "quase" místicas, relatadas por Schutz anteriormente. O mesmo ocorre quando o praticante maneja um bastão, uma espada, um punhal: o artista experiente sente como se a arma fosse uma extensão de seu próprio corpo, de tal sorte que sujeito e objeto não se diferenciam. Esta extensão Eu-mundo normalmente leva a um profundo respeito pelos instrumentos, pelo local de prática, pelos outros e por si mesmo.

No kung fu, é comum que expressões de respeito sejam externalizadas. Ressalto, porém, que "respeito" não pode ser confundido com "submissão", "temor" e "passividade", que mantêm a pessoa em estado de ignorância. "Respeito", aqui, tem sentido de consideração, de importância, de reconhecimento.

Talvez o mais importante aspecto do Guerreiro seja sua capacidade de honrar e respeitar. *Honrar* é a capacidade que temos de conferir respeito ao outro. Tornamo-nos dignos de honra quando nossa capacidade de respeitar é expressa e fortalecida. O termo *respeito* vem do latim *respicere*, que significa "disposição de olhar novamente". O Guerreiro está propenso a um segundo olhar, em vez de manter-se aferrado a um ponto de vista particular em relação a uma situação ou pessoa[114].

Assim, normalmente os praticantes curvam-se para a frente, fazendo uma reverência antes de adentrar nas salas ou nos locais onde irão treinar; reverenciam também os ancestrais e o mestre por terem se dedicado a perpetuar e aprimorar a arte; quando possível, deixam os sapatos do lado de fora de suas casas ou academias, para não trazerem as impurezas do mundo para o seu interior, e, com bastante freqüência, prezam pela limpeza e conservação de todos os ambientes em que vivem: refletir e praticar a "limpeza exterior" tem o objetivo de levar à conscientização sobre a importância da "limpeza interior" — ambas faces de uma mesma moeda.

A prática dessa arte visa atingir um melhor equilíbrio entre o ser humano e o mundo, uma vez que a "ordem do que é material" começa com a "ordem do que é imaterial", tanto quanto a "desordem de uma pessoa" gera a "desordem do planeta". Esta idéia, fortemente contida no kung fu, foi abordada muito claramente por Confúcio[115] (551-479 a. C.):

Os sábios antigos, quando queriam revelar e propagar as mais altas virtudes, punham seus Estados em ordem. Antes de porem seus Estados em ordem punham em ordem suas famílias. Antes de porem em ordem suas famílias, punham em ordem a si próprios. Antes de porem em ordem a si próprios, aperfeiçoavam suas almas. Antes de aperfeiçoarem suas almas, procuravam ser sinceros em seus pensamentos e

---

114. Arrien, Angeles. *O caminho quádruplo: trilhando os caminhos do guerreiro, do mestre, do curador e do visionário*. São Paulo, Ágora, 1997, p. 29.

115. Confúcio, *apud* Morais, Régis de. *Violência e educação*. Campinas, Papirus, 1995, p. 105.

ampliavam ao máximo os seus conhecimentos. Essa ampliação dos conhecimentos decorre da investigação das coisas, ou de vê-las como são. Quando a alma se torna perfeita, o homem está em ordem. Quando o homem está em ordem, sua família também fica em ordem. Quando sua família está em ordem, o Estado que ele dirige também alcança a ordem. Quando os Estados alcançam a ordem, o mundo inteiro goza de paz e felicidade.

"Quando a alma se torna perfeita... o mundo inteiro goza de paz e felicidade." A perfeição da alma — psique humana — parece ser o motivo último que leva uma pessoa a perdurar na prática do kung fu, às vezes, durante a vida toda, mesmo quando não se pode mais executar malabarismos ou fazer manobras de elevado grau de dificuldade. É a filosofia da arte que faz com que um praticante experimente motivo de realização, ou seja, que vivencie a arte pelo puro motivo de praticá-la, de comparar seu desempenho anterior com o atual, de melhorar-se. Numa das passagens do livro *Zen em quadrinhos*[116], um discípulo pergunta a seu mestre:

— Mestre, como eu deveria praticar o Tao?
— Coma quando sentir fome e durma quando estiver cansado.
— Não é isso que as pessoas fazem?
— Não, não é. A maioria tem milhares de desejos enquanto come e pensa em milhares de problemas enquanto dorme.

O cotidiano do ser humano é cheio de preocupações: ele se "pré-ocupa" com as coisas, deixando de viver o momento atual, o presente, o agora. "Quando caminhar, caminhe", diz um provérbio chinês. Óbvio? Nem tanto. Quando caminhamos, "pré-ocupamo-nos" com tudo, menos com o próprio caminhar. Deveríamos entender que "viver o momento" não é o mesmo que "ser inconseqüente", mas sim observar, perceber, desfrutar, compreender, sentir, aprender com cada uma das situações que a vida nos proporciona. Viver o momento é tirar o melhor proveito de tudo o que nos ocorre, inclusive de nossos pensamentos mais passageiros, aprendendo com eles.

---

116. Chung, Tsai Chih. *Zen em quadrinhos, op. cit.*, p. 116.

Não apenas os professores de educação física podem ser favorecidos pelos benefícios práticos e teóricos dessa arte, mas qualquer um que pretende promover a tomada de consciência por intermédio de uma educação corporalizada. Por isso, minha proposta é que o kung fu se transforme num valioso instrumento de educação motora para aqueles que vêem homem e mundo como uma única teia de oportunidades abertas à transcendência. E que, com isso, as pessoas possam se transformar no que Suzuki chama de "artistas da vida"[117]:

> Pelo que sabemos, os artistas, sejam quais forem, precisam usar instrumentos para expressar-se, para demonstrar sua faculdade criadora de uma forma qualquer. O escultor necessita da pedra, da madeira, ou do barro, e do cinzel ou de outros instrumentos para imprimir suas idéias no material. *Mas o artista da vida não carece sair de si mesmo.* Todo o material, todos os instrumentos, toda a habilidade técnica que de ordinário se requerem estão com ele desde o instante do seu nascimento (...) o corpo físico (...), é o material, que corresponde à tela do pintor, à madeira, à pedra ou ao barro do escultor, ao violino ou à flauta do músico, às cordas vocais do cantor. E tudo o que está ligado ao corpo, como mãos, pés, tronco, cabeça, vísceras, nervos, células, pensamentos, sentimentos, sentidos — tudo o que participa, com efeito, da composição da personalidade — é, ao mesmo tempo, o material e os instrumentos com que a pessoa modela seu gênio criativo e o transforma em conduta, em comportamento, em todas as formas de ação, na própria vida. Para uma pessoa assim a vida reflete todas as imagens que ela cria, (...) cada um de seus atos exprime originalidade, poder criador, a própria personalidade viva. (...) *Não tem o eu encerrado em sua existência fragmentária, limitada, restrita, egocêntrica. Evadiu-se dessa prisão.* (Grifo meu.)

O ser humano, como transcendente, almeja ver-se transmutado em "artista da vida". Busca, freneticamente, um mestre, um deus, uma crença, um professor, uma luz no fundo de algum túnel, algo ou alguém que lhe esculpa a maneira de viver.

Eis uma das mais nobres tarefas de um educador: esculpir o mundo, para que o aprendiz descubra, dentro de si mesmo, o seu próprio artesão.

---

117. Suzuki, D. T. "Conferências sobre o Zen-Budismo". *In*: Suzuki, D. T.; Fromm, E. e Martinho, R. *Zen-budismo e psicanálise.* São Paulo, Cultrix, 1960, p. 25.

CARACTERIZANDO O KUNG FU

Assim como acontece com o pensamento chinês, falar do kung fu também é difícil, pois, muitas vezes, as palavras não correspondem exatamente às idéias que permeiam esta arte. Outra dificuldade é traçar um histórico do kung fu. Em primeiro lugar, porque não foram raras as vezes que imperadores ordenaram a destruição completa de todo o patrimônio cultural anterior a sua ascensão, para edificar a partir dali uma "nova história" da China. Em segundo lugar, porque a linguagem metafórica chinesa, representada por ideogramas, pode ser interpretada e traduzida de diferentes maneiras, dependendo do contexto em que o fenômeno aconteceu e da forma como ele é narrado. Esses fatores, acrescidos dos valores místicos que marcam quase toda a produção literária chinesa, contribuem para o desencontro de informações referentes aos relatos, às interpretações e, até mesmo, às datas dos acontecimentos.

O kung fu é uma arte que esteve presente desde os primórdios da civilização chinesa e que incorporou elementos históricos, culturais e religiosos daquele povo. Adaptou-se às mudanças ocorridas freqüentemente na China, chegando aos dias de hoje com adeptos e admiradores em quase todo o mundo. Assim, o kung fu não possui uma data ou época específica de origem. Ele sempre existiu, desde que o homem se destacou como um "ser hábil" — lembro ao leitor que a tradução literal da palavra "kung fu" é "habilidade em executar alguma coisa" (Huard, 1990; Lima, 1997a; Minick, 1975; Xing, s/d; Zaohua, 1988).

Sempre que o homem tem competência para algo, faz bem alguma coisa, com habilidade e dedicação, o kung fu está presente.

Um cozinheiro, no momento em que supera suas próprias potencialidades e faz o melhor prato que sua capacidade permite, está fazendo kung fu. Quando um estudante cria a melhor história, toma a melhor decisão diante de um problema, relaciona-se da melhor maneira com as pessoas, diz-se que ele tem kung fu. A idéia de "ser hábil" é explicitada pelos ideogramas utilizados para simbolizar o "u", como analiso a seguir[118]:

功 *Kung* é um ideograma utilizado para representar "trabalho árduo", "grande dedicação", "esforço físico e mental". É formado pela junção de dois outros ideogramas:

工 Um primeiro ideograma que é literalmente traduzido do chinês para o português como "mente".

力 E um segundo ideograma que significa "força". Originariamente, era representado pelo desenho de um arado. Então, se fizermos um esforço e observarmos bem, veremos que o desenho estilizado de um arado foi preservado: o traço vertical maior representa a haste pela qual os agricultores empurravam (da esquerda para a direita) o arado; o traço horizontal, que cruza a primeira linha e desce paralelamente a ela, na vertical, representa a parte frontal do arado que contém o corte, que faz o sulco, rasgando a terra.

O esforço ao qual se refere o ideograma "kung" é o físico e mental, o "suor" para a realização de algo que deixa marcas, que

---

118. Eberhard, Wolfram. *A dictionary of Chinese symbols: hidden symbols in Chinese life and thought*. Londres, Routledge & Koogan Paul Ltd., 1993.

modifica, que transforma. O conjunto das ações intencionais humanas, físicas e mentais, rumo a determinado objetivo.

夫 *Fu* transmite a idéia de "maturidade" ou de "experiência". Simboliza também "marido", ou seja, aquele que constitui uma família e que se responsabiliza por ela. Vejamos mais detalhadamente este ideograma:

人 "Fu" é composto de dois traços que formam o ideograma "pessoa". Este ideograma nasceu do desenho de uma pessoa de pé, com os braços ao longo do corpo e as pernas afastadas.

二 Já os traços horizontais, quando cortam o ideograma "pessoa", representam "presilhas no cabelo". Então, temos que "fu" significa, originariamente, "pessoa com presilhas no cabelo".

Mas, qual a ligação entre "pessoa com presilhas no cabelo" e "experiência" ou "maturidade"? Na China antiga, os anciãos não costumavam cortar os cabelos — quanto mais longos eles fossem, subentendia-se que mais velhos eram. As pessoas velhas, que tinham longos cabelos, e que, portanto, usavam presilhas para prendê-los, eram também as de maior prestígio e respeito entre a família e o povo. Os chineses valorizavam a sabedoria, que estava intimamente relacionada à experiência de vida, à maturidade e, inclusive, à velhice.

A habilidade, no kung fu, não se refere a uma simples destreza física para uma tarefa específica. É construída pela sabedoria que advém da experiência, da tomada de consciência do mundo e das situações nele vividas, e não apenas da idade cronológica. Kung fu é uma construção pessoal contínua e árdua, mas não necessariamente sofrida, posto que depende de trabalho, de esforço e de transformação. É uma arte que visa o auto-aprimoramento e/ou a perseverante busca de competência para a execução de algo. Execução como ação intencional — arte de "saber fazer bem" o que quer que se proponha a fazer, seja um estudo, uma reflexão, uma pintura, uma escultura, um esporte, um poema, um ataque, uma defesa... Então, qual é o fator ou a característica que diferencia o kung fu das demais artes e que permite que ele seja identificado como tal?

Sabemos que as diversas manifestações artísticas envolvem a comunicação de uma pessoa para outra, "através de um objeto simbólico que o primeiro sujeito criou e que o segundo, de alguma maneira, é capaz de compreender, apreciar ou a ele reagir"[119]. No caso do kung fu, o objeto simbólico criado são os próprios movimentos que caracterizam essa arte e que se coadunam com sua filosofia. Esses movimentos "comunicam", em sua maioria, simulações de ataque e defesa que imitam principalmente os animais. Aos movimentos contidos no kung fu dá-se o nome de "wu shu", cuja tradução literal do chinês é "arte marcial". Vejamos o ideograma a seguir:

武 "Wu", ideograma que simboliza "marcial", é composto de outros ideogramas:

止 um que simboliza "parar", "deter", "conter",

弋 e outro que simboliza "machado".

O "machado" é aquele que corta, agride, deixa marcas suficientes para destruir, derrubar. Unindo as duas idéias, então, temos que "wu" significa, em sua raiz, "parar a violência"[120].

Essa idéia parece ser exatamente oposta àquela que, no senso comum, temos das artes marciais, ou seja, a de que o seu objetivo é "gerar a violência". Pelo contrário. O artista marcial encara, vivencia a violência, desde suas mais evidentes até as mais sutis manifestações. Assim, aprende a fazer uso de sua inerente agressividade (instinto necessário à vida), diferenciando-a da violência (requinte humano relacionado à morte❂). Morais[121], ao ressaltar os estudos dos etologistas,

---

119. Gardner, Howard. *As artes e o desenvolvimento humano*. Porto Alegre, Artes Médicas, 1997, p. 53.

120. Lima, Luzia Mara Silva. "Kung fu: a essência de uma arte além da guerra". *In*: Anais do 3º Congresso Latino-Americano da ICHPER. Cascavel, Gráfica Universitária, 1996a.

❂ Morte, não como a passagem do fim de um processo para o início de outro, mas como bloqueio abrupto impingido brutalmente num fluxo natural.

121. Morais, Régis de. *Violência e educação, op. cit.*, p. 20.

nos lembra que, se os animais não fossem dotados de um mínimo de agressividade, certamente não sobreviveriam neste mundo, acrescentando que:

> ... a agressividade básica está na raiz do chamado instinto de sobrevivência, que demove o animal a buscar alimento, água, segurança. Tal agressividade é algo resultante da memória biológica, de instintos propriamente animais. Já *o conceito de violência implica intencionalidade*, o que exige inteligência, *razão pela qual os irracionais não são violentos, mas ferozes*. Violência é, portanto, coisa de seres humanos. (Grifo meu.)

Sermos agressivos ao empreendermos algo significa termos determinação e energia direcionada para uma tarefa específica (o que é bastante diferente de sermos violentos ao cumprir essa mesma tarefa). Ter um objetivo claro e focalizar, com concentração, aquilo que se pretende atingir, é algo vivenciado a cada instante na arte marcial. Mas, para isso, é preciso que a pessoa esteja em "equilíbrio". Caso contrário, sua atenção torna-se vulnerável aos estímulos e, para atingir seu intento, há um desgaste de energia muito maior do que o necessário. Quando um praticante age com violência, significa que ele está em desequilíbrio, completamente fora do sentido maior que permeia toda a arte: o equilíbrio e, por conseguinte, a não-violência. Esse sentido que há no kung fu é encontrado num trecho do clássico *Tao te King*, de Lao-Tsé[122]:

O mestre realmente competente
convence,
mas não discute.
Um verdadeiro soldado
luta,
Mas não tem raiva.
Um vencedor real
supera,
mas não se irrita.
Um autêntico chefe
coloca cada homem no seu lugar,
mas não tiraniza ninguém.

---

122. Lao-Tsé. *Tao te king*. 4ª ed, São Paulo, Alvorada, 1982, p. 171.

Essa atuação nascida de dentro
conserva a paz verdadeira,
pratica a arte sublime
de conduzir os homens suavemente.

Uma outra tradução para o mesmo trecho do *Tao Te Ching* é encontrada no livro *Ch'i: energia vital*[123]:

Um bom soldado não é violento,
um bom lutador não é irado,
um bom vencedor não é vingativo,
um bom empregador é humilde.
Isto é a virtude de não rivalizar
Isto é conhecido como a capacidade de tratar com pessoas.

Em ambas as traduções, nota-se claramente o enfoque da não-violência. A respeito desta, Page comenta que Lao-Tsé certamente aconselharia as pessoas a agirem como os mestres nas artes marciais: elas deveriam demonstrar boa vontade e amor nas situações de mudança, em que geralmente há pressão; dessa forma, seriam capazes de prosseguir de modo positivo e amável, na nova direção que leva a seu objetivo final. Assim, algo que levaria ao descontentamento certamente poderia produzir contentamento[124]. Vemos, pois, que o objetivo da arte marcial é cessar a violência de uma pessoa contra outra, ou, o que é mais difícil, contra ela mesma. Para um artista marcial (Marte: deus da guerra), o grande desafio está em vencer a "guerra interior" — aquela que é travada entre a pessoa e seus próprios desequilíbrios e desarmonias, que a levam a uma violência interna (manifestada em forma de doenças psicossomáticas e de vícios) e que acabam por levá-la a projetar esta violência contra outras pessoas ou objetos (variando da apatia aos mais elevados níveis de criminalidade).

Diante deste amplo panorama, o wu shu é apenas uma face do kung fu. Este, por sua vez, é um complexo artístico e filosófico que se manifesta principalmente por meio do wu shu. Não quero, entretanto,

---

123. Lao-Tsé, *apud* Page, Michael. *Ch'i: energia vital, op. cit.*
124. Page, Michael. *Ch'i: energia vital, op. cit.*

deixar uma idéia reducionista de wu shu; afinal, ele já é, por si só, uma busca de superação e autoconhecimento. Quero mostrar apenas que se o kung fu é a arte de tornar-se hábil em tudo o que se faz, então deve visar o aprimoramento global do ser humano, inclusive da arte marcial que ele pratica[125]. Por isso, ao utilizar o termo "kung fu", estarei me referindo desde os movimentos da arte marcial tradicional chinesa e seus respectivos objetivos técnicos/estratégicos, até seu contexto mais amplo, de constante busca pela tomada de consciência. Igualmente, ao utilizar o termo "arte marcial" ou simplesmente "marcial", estarei me referindo à conotação abrangente que seu ideograma transmite.

---

125. Minick, Michael. *A sabedoria kung fu*. Rio de Janeiro, Artenova, 1975.

UM POUCO DE HISTÓRIA

> *Aquele que conhece o inimigo e a si mesmo, ainda que em cem batalhas, jamais correrá perigo. Aquele que não conhece o inimigo, mas conhece a si mesmo, às vezes ganha, às vezes perde. Aquele que não conhece nem o inimigo nem a si mesmo, correrá perigo em todas as batalhas.*
>
> Sun Tzu, in: *A arte da guerra*

Os orientais sempre se mostraram hábeis em cuidar da saúde e em manter o bem-estar, buscando ao mesmo tempo o aprimoramento físico e mental. Na China, um dos meios mais comuns para esse aprimoramento é a prática do kung fu. É por isso que o pensamento marcial está em quase todos os clássicos da filosofia chinesa, e é por isso também que os autores e estudiosos marciais são indistintamente arrolados como "filósofos". Grandes nomes da indústria japonesa (como Morita, Matsushita ou Honda) são considerados personalidades completas e exemplares, principalmente por se dedicarem com perseverança a uma arte. Na introdução de uma das várias traduções do clássico *A arte da guerra* (escrito por Sun Tzu por volta do ano 500 a. C.) Abreu e Costa tecem a seguinte consideração sobre esses empresários orientais[126]:

> Tão profundamente distintas da apresentação estritamente "curricular" dos empresários ocidentais, essas biografias implicam a compreensão de que o domínio de uma arte, seja qual for, constitui uma metáfora das condições do mundo. A partir de um campo de atividade, tiram-se ilações sobre o outro. Mais ainda: deve-se ver aí o *caráter nunca exclusivamente teórico da cultura oriental, na qual tudo é "arte aplicada", incluindo a filosofia.* Eis por que *A arte da guerra* é também filosofia, tanto quanto um grande general deve ser um sábio. (Grifo meu.)

---

126. Abreu, C. e Costa, M. "Introdução". *In*: Sun Tzu. *A arte da guerra*. São Paulo, Cultura Editores Associados, 1994, p. 23.

A arte da guerra, livro de cabeceira de grandes líderes da história da humanidade, é um exemplo da produção literária marcial que tem sido significativamente utilizado no setor empresarial para se discutir o papel da liderança e elaborar estratégias de marketing. Numa outra tradução desse clássico, Floriano Serra faz a apresentação da obra, afirmando que[127]:

> *A arte da guerra*, a exemplo das artes marciais, que escondem sua fatal eficácia sob uma bela e harmoniosa coreografia, aponta caminhos tão sutis quanto potentes, porque se fundamenta na força da moral e da cultura, em vez de no bélico e no militar. Aqui, a força da competência supera a competência da força.
> Extraordinariamente atual para um documento milenar, *A arte da guerra* constitui-se num moderno guia de gerenciamento, perfeitamente alinhado com todas as novas tendências de *management*.

Na China, já se produzia, antes de Cristo, uma obra a respeito do pensamento marcial, traduzindo o caráter pragmático daquela cultura: não adianta pensar ou ter determinada concepção das coisas; é preciso agir conforme esta concepção. Como a grande concepção que permeia o pensamento chinês é a de que somos um todo integrado, os chineses punham em prática, na vida diária, a "cultura física" (nome dado às atividades relacionadas à saúde, ao bem-estar, à cura, e ao aprimoramento físico e mental do ser humano.

O mais antigo sinal de cultura física, na China, foi encontrado nas cavernas de Zhoukoudian, onde os homens viviam há cerca de quinhentos mil anos. Inúmeros esqueletos de cavalos e cervos levaram os pesquisadores a concluir que aquelas pessoas já possuíam muita habilidade em cavalgar. Equipamentos para jogos, como pequenas bolas, arcos e flechas, com aproximadamente quarenta mil anos, demonstraram quão antiga é a especialização da cultura física entre os chineses. Danças de povos que viveram há cerca de três mil e quatrocentos anos foram fielmente registradas nas paredes das cavernas de Yunnan, e descobertas históricas sobre esse período

---

127. *O conhecimento da arte da guerra: Comentários de Zhuge Liang e Liu Li sobre o clássico de Sun Tzu*. Trad. e ed. em inglês Thomas Cleary, São Paulo, Gente, s/d, p. 10.

mostraram que essas danças eram utilizadas para a cura. Variados esportes e passatempos chineses atuais "originaram-se das habilidades e estilos de vida do povo que habitava o continente chinês entre três e quatro mil anos atrás"[128]. Esse misto de esporte, medicina, espiritualidade, folclore e estratégia de combate foi sendo sistematizado gradativamente e, hoje, é identificado pelo nome de kung fu.

No período dos Estados Combatentes (475-221 a. C.) o confronto entre homens dirigindo suas bigas e armados com longas lanças foi uma arte militar muito difundida. Estas "habilidades guerreiras" foram aprimoradas pelos artistas marciais ao longo dos séculos. Foi somente a partir do século XIV, com o advento das armas de fogo, que as habilidades militares com armas brancas perderam o valor combativo. A partir de então, as artes guerreiras deram "lugar aos exercícios com objetivos muito mais artísticos e com vistas à manutenção da saúde, do que para exclusiva defesa pessoal"[129].

Também os jogos, como o weiqi e o shian chi (variações do nosso xadrez), estão incluídos no kung fu. O pensamento estratégico, com a identificação antecipada do movimento do oponente são habilidades que se desenvolvem com a prática marcial.

Das práticas de cura e de busca da longevidade, o kung fu herdou técnicas de respiração, exercícios físicos (como o chi kung), bem como técnicas próprias da medicina tradicional, visando à renovação dos órgãos internos e o fortalecimento dos ossos e músculos. Nessas técnicas incluem-se as práticas de meditação do budismo indiano, que foi introduzido na China no início da nossa era cristã.

Os monges budistas, aliás, foram os maiores responsáveis pela sistematização e divulgação do kung fu pelo mundo, principalmente os do Templo de Shao Lin ("Jovem Floresta"), fundado em 495 d. C., na província de Henan.

Os monges de Shao Lin acreditavam que poderiam alcançar a iluminação, desde que, em meditação, eliminassem os obstáculos criados pela mente humana. A prática meditativa consistia em ficarem imóveis durante horas, sentados em posição de lótus (pernas cruzadas).

---

128. Knuttgen, H. G.; Qiwei, M. e Zhongyuan, W. *Sport in China*. Illinois, USA, Human Kinetics Books, 1990, p. 4 (tradução livre da autora).

129. *Idem, ibidem*, p. 6.

Apartados de atividades físicas constantes, os monges perceberam que esse cotidiano, dedicado exclusivamente à meditação em repouso, prejudicava demais a saúde e que as doenças decorrentes do sedentarismo eram fortes obstáculos para a tão almejada iluminação. Por isso, criaram as dezoito rotinas (seqüências de movimentos) do kung fu de Shao Lin.

Para os padrões modernos da educação física, estas rotinas não são mais do que exercícios de aquecimento. Mas, naqueles tempos, elas serviam como parte regular de um regime de autocultivo em Shao Lin, configurando-se como um exemplo sem precedentes no mundo do budismo, ou talvez até em outras religiões[130].

As dezoito rotinas de Shao Lin foram criadas para tirar a fadiga e a sensação de cansaço provocada pelas longas horas de meditação. Porém, outras rotinas foram criadas com intuitos diferentes. Por exemplo: uma vez que o templo ficava numa floresta e que os monges precisavam se defender de animais selvagens, criaram um conjunto de rotinas para a autodefesa, chamado hsin-i (coração-e-mente).

Dado o contato direto com o meio selvagem, muitas destas rotinas possuem movimentos que imitam animais ou baseiam-se nos elementos da natureza. Movimentos suaves como a água, com respirações que fazem fluir o ar, de bases firmes na terra e golpes que cortam como o metal. Velozes como a serpente, fortes como o tigre e sutis como a garça.

A essas rotinas e às práticas meditativas, os monges acrescentaram "inúmeros exercícios físicos criados por seus ancestrais e por eles mesmos, uma vez que muitos deles haviam sido mestres em artes marciais antes de ingressar no templo"[131].

Com uma privilegiada localização geográfica e sua atmosfera pacífica, o Templo de Shao Lin era passagem de forasteiros e viajantes — um local ideal para o abrigo de soldados desertores e rebeldes

---

130. Xing Yan (ed.). *Shaolin kung fu: treaseure of the Chinese nation: the best of Chinese wushu*. China, Editorial Commitee of Shaolin Kung Fu, s/d, p. 16 (tradução livre da autora).

131. *Idem, ibidem*, p. 15.

fugitivos, representantes do povo e guerreiros por excelência. Se, por um lado, estes abrigados abraçaram a fé budista e tornaram-se monges, por outro lado não deixaram de se dedicar ao kung fu. Protegidos pelos muros, os monges de Shao Lin desenvolveram como nunca a arte que praticavam[132].

Posteriormente, com os regimes repressivos dos impérios, os mosteiros passaram a ser freqüentemente invadidos pelos soldados, a fim de resgatar os rebeldes fugitivos e punir os monges por acobertá-los. Durante tais invasões, das quais restavam poucos sobreviventes, as edificações eram quase que totalmente destruídas. Shao Lin não foi exceção. Prevenindo-se, os monges investiam no treinamento de técnicas marciais, e as utilizavam como última alternativa para a garantia de suas próprias vidas. A união da meditação, da observação aguçada do mundo, da alimentação adequada, do equilíbrio emocional e de outros fatores numa só prática deu aos monges um superior autocontrole. Constantemente, eram bem-sucedidos em sua tarefa de defender os moradores da região onde viviam.

> ... os monges do Mosteiro Shao Lin eram considerados como seres superiores (...) e com uma consciência quase divina, não por causa das técnicas de combate que dominavam, mas, sim, por todo o ensinamento conjunto que recebiam, incluindo treinamentos mentais árduos baseados no zen-budismo, estudo teológico e metafísico, aliados às práticas físicas correspondentes[133].

Logo, o prestígio deste e de outros mosteiros passou a atrair jovens de todas as partes, que intentavam aprimorar suas técnicas combativas principalmente para melhor defender seus povoados. "Na tradição chinesa, a força guerreira destina-se menos a atacar do que a defender-se e a instaurar a 'grande paz'..."[134].

---

132. Yu Deyun. *The Shaolin kung fu of China*. China, Hong Kong Huan Yu Publishing House, 1992.

133. Severino, R. H. *O espírito das artes marciais*. São Paulo, Ícone, 1988, p. 57.

134. Despeux, Catherine. *Tai-chi chuan: arte marcial, técnica da longa vida*, *op. cit.*, p. 7.

Monges demonstrando chi kung (habilidade energética)
— Shao Lin☯

Com a proliferação da prática do kung fu, os soldados dos impérios tornaram-se cada vez mais suscetíveis a derrotas. Temendo a vitória do povo, muitos dos imperadores proibiram a prática do kung fu, fecharam escolas e massacraram mestres, discípulos e demais praticantes. Ainda assim, o povo encontrou maneiras alternativas de desenvolver a arte. A ópera de Pequim, por exemplo, era composta por pessoas que, impedidas de desenvolver seus treinamentos, apresentavam ao público peças teatrais com cenas de lutas, combates e acrobacias de elevado grau de dificuldade. É o caso da ópera do Rei Macaco, que atraía vultoso público infantil e adulto. O Estilo do Bêbado teve similar origem: fingindo-se embriagado, o praticante podia treinar sem que os soldados imperiais desconfiassem de suas reais habilidades.

☯ As fotos contidas na Parte I deste livro foram tiradas em 1995, na China, por Helder Willi Kohs, chefe da delegação que representou o Brasil no "IV Campeonato mundial de kung fu", comemorando os 1500 anos de fundação do Templo de Shao Lin.

A ópera do Rei Macaco (com utilização de armas marciais)
Teatro Qiamen — Pequim.

Criança demonstrando o Estilo do Bêbado — Shao Lin.

Os impérios, porém, nem sempre eram contrários ao kung fu. Muitas vezes o país teve a ajuda dos artistas marciais, como os próprios monges de Shao Lin contam:

> Em 621 (...) uma violenta batalha aconteceu entre o príncipe Qin, Li Shimin, e o general Sui, Wang Shicong. Ouvindo sobre as proezas dos monges de Shao Lin, o príncipe Li emitiu um edital convocando os monges para ajudar na apreensão dos principais acusados e pacificar o país. Os monges concordaram, e pela primeira vez discípulos budistas coletivamente tomaram parte numa batalha. (...) Em 1553, quarenta monges de Shao Lin liderados por Tian Zhen e Tian Chi tiveram uma esmagadora vitória sobre invasores japoneses[135].

Durante muito tempo, o kung fu foi valorizado por seu aspecto combativo — uma questão de vida ou morte em tempos de violência. Com o desenvolvimento bélico tomando o lugar dos confrontos corpo-a-corpo, a arte marcial deixou de ser praticada para fins de combate. Dotada de filosofia própria e objetivando o aprimoramento do ser humano, a arte marcial tradicional chinesa perdurou e, hoje, é conhecida mundialmente. As famosas apresentações da Ópera de Pequim❂, do Circo Acrobático de Xangai e a Dança do Leão❂❂, por exemplo, continuam atraindo curiosos de todas as partes do planeta.

135. Xing Yan (ed.). *Shaolin kung fu...*, *op. cit.*, pp. 17-8.

❂ Em julho de 1998, a Ópera de Pequim fez uma série de apresentações no Teatro Municipal de São Paulo, durante o Festival Internacional de Artes Cênicas — FIAC. A Companhia de Pequim teve de agendar espetáculos extras, a fim de atender ao público excedente. *In*: *O Estado de S.Paulo*, domingo, 2 de agosto de 1998.

❂❂ Na China, contam lendas que leões apareciam para afugentar os demônios das fazendas, protegendo as colheitas. Por isso, a Dança do Leão acontece em todas as comemorações (casamentos, aniversários, inaugurações), para atrair bons agouros.

Apresentação de pirâmides humanas do Circo Acrobático de Xangai.

Apresentação da tradicional Dança do Leão, trazendo boa sorte para o Templo de Shao Lin, em seus 1500 anos de fundação.

SUBDIVISÕES DO KUNG FU

O kung fu não é abrangente apenas no aspecto filosófico. Sua prática também contém inúmeras variações, às quais chamamos de "estilos" ou "escolas". Na China há, catalogados, cerca de 360 estilos. Eles possuem características e aplicações diferentes, mas compartilham da mesma origem e fundamentação, como já apresentei. Atualmente, a prática do kung fu, em seu lado esportivo e competitivo, é subdividida em dois principais tipos de estilos.

Os *estilos externos* de kung fu são aqueles que seguem um caminho de desenvolvimento "do exterior para o interior" da pessoa, ou seja, enfatizam primeiro o fortalecimento dos ossos e dos músculos, que, por conseguinte, fortalecerão os órgãos internos e, por fim, a energia vital humana (ou *ch'i*). São estilos que se manifestam pelos movimentos velozes e bastante flexíveis, ou lentos e fortes, dependendo da característica de cada escola. Essas características são geralmente provenientes do momento da criação do estilo, quando o seu precursor focalizou sua observação principalmente nos movimentos e comportamentos de determinado animal (como o tigre, a garça, a serpente, o louva-a-deus, o macaco, o urso), ou elaborou determinado conjunto de técnicas de respiração, meditação e combate. Dada a beleza de seus movimentos e sua plasticidade, os estilos externos são freqüentemente utilizados na produção de filmes e peças teatrais.

Os *estilos internos* de kung fu caracterizam-se por movimentos que visam, primeiro, ao desenvolvimento do *ch'i*, que levará, naturalmente, ao desenvolvimento dos órgãos internos, dos ossos e dos músculos. Em geral, são mais lentos, compassados, com suavidade e ao mesmo tempo há explosão. Há maior ênfase em técnicas respiratórias e de meditação, principalmente devido à herança das antigas práticas de cura e de busca da longevidade.

Dentre esta categoria de estilos estão o pa kua e o hsin-i, mas, sem dúvida, o mais conhecido em todo o mundo é o t'ai chi chuan — prática inspirada na filosofia do t'ai chi (símbolo apresentado e analisado anteriormente). Seus movimentos lentos permitem ao praticante entrar em contato íntimo consigo mesmo, percebendo o envolvimento de todas as partes do corpo e das emoções em atos simples, como dar um passo à frente. Por si só, esses movimentos propiciam a tomada de "consciência de sua propriocepção consciente"[sic]❂.

Apresento, abaixo, as principais subdivisões do kung fu e as artes nele incorporadas:

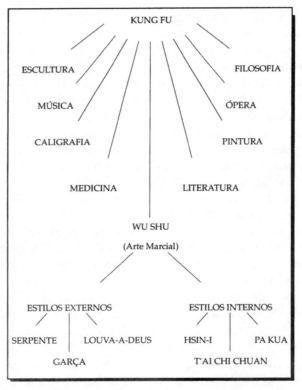

Figura 9 — Subdivisões do kung-fu e artes a ele incorporadas — representação elaborada a partir de Yu Deyun (Lima, Luzia Mara S., 1999a).

❂ Redundância proposital da autora: consciência... propriocepção consciente.

O KUNG FU NO ATUAL CENÁRIO ESPORTIVO E ACADÊMICO

Na China, tanto os estilos internos quanto os externos de kung fu fazem parte do conteúdo escolar desde 1925, visando muito mais ao autoconhecimento e à saúde do que à aplicação técnica propriamente dita. Para que isso se efetivasse, os movimentos de difícil execução foram suprimidos, colocando a prática ao alcance de todos.

Quanto às competições de kung fu, atualmente há duas modalidades básicas: combates e formas. Nos combates, as regras são similares às do boxe, com confronto entre dois atletas e vitória por pontos ou nocaute. Essa categoria existe, conta com vários seguidores, mas, neste momento, não abordarei esse tipo de competição e, ao tratar do kung fu como esporte, estarei me referindo exclusivamente à modalidade de formas ou rotinas.

A competição "formas" tem regras muito similares às da ginástica artística e da ginástica rítmica e desportiva — GRD. O atleta entra na quadra, demonstra sua rotina, reverencia os árbitros e, somente então, está efetivamente terminada sua participação. As formas, por sua vez, dividem-se em duas categorias principais: "tradicionais" e "olímpicas".

Nas "formas tradicionais", os participantes apresentam rotinas do estilo que praticam (como a serpente, o macaco, o bêbado, o louva-a-deus, o tigre e a garça). Dentro dessa modalidade, há a categoria "luta combinada", quando os praticantes (duplas ou grupos) apresentam a simulação de uma luta, demonstrando a aplicação das técnicas contidas nas formas. Adequação técnica na execução de movimentos e no manuseio de espadas, punhais, bastões e lanças, equilíbrio, precisão e espírito (energia do atleta no momento em que exibe sua seqüência), expressão e ética (postura do atleta diante da comissão julgadora e dos demais atletas antes e durante a competição), vestimenta (principalmente em relação à ordem, à limpeza e à coerência — trajes típicos do kung fu) são alguns dos itens que definem a pontuação do competidor.

A segunda principal categoria dentro das competições de kung fu, chamada de "formas olímpicas", é constituída de rotinas não-tradicionais, ou seja, aquelas que têm suas coreografias compostas de movimentos extraídos de diferentes estilos de kung fu, unidos numa só seqüência. No caso de a arte marcial tradicional chinesa tornar-se um esporte olímpico, estas formas seriam as seqüências compulsórias de movimentos das competições — os competidores apresentariam exatamente a mesma rotina, saindo vencedor aquele que a executasse com maior perfeição. Vale ressaltar que os estilos internos de kung fu (t'ai chi chuan, hsin-i, pa kua) também fazem parte das competições, nas categorias "formas internas tradicionais" e "olímpicas".

Um fato interessante nas competições de kung fu: competidores de todas as idades participam de uma mesma categoria. A divisão não é feita por faixa etária, mas por habilidade, nas categorias iniciante, intermediário e avançado. Assim, um atleta de cinqüenta anos e outro de quinze, que iniciaram a prática há pouco tempo e que vão demonstrar uma espada tradicional de t'ai chi chuan, serão inscritos na categoria: "formas internas tradicionais — com armas — iniciante". No Brasil, assim como no exterior, crianças e velhos dividem, no mesmo espaço, a experiência da competição.

Paralelamente ao lado competitivo, a atenção ao lado terapêutico do kung fu cresceu muito e atrai pesquisadores de diversas áreas científicas[136]. Estudos da Universidade de Xangai comprovaram que as dezoito rotinas de Shao Lin "funcionam como prevenção e tratamento de dores musculares e de disfunções nos órgãos internos do corpo, além de melhorar a circulação sangüínea e promover a longevidade"[137]. Pesquisadores da Universidade Sheffield, na Inglaterra,

---

136. Knuttgen, H. G.; Qiwei, M. e Zhongyuan, W. *Sport in China, op. cit.*
137. Vários autores. *The chinese way to a long and healthy life: diet, exercise, massage.* Beijing, China, Asiapac/Singapore, 1988, p. 57 (tradução livre da autora).

descobriram que o t'ai chi chuan "ajuda na recuperação desses pacientes [enfartados], que passam a ter melhor padrão respiratório, baixando a pressão sangüínea e até reduzindo o ritmo cardíaco"[138]. Realmente, o Ocidente tem voltado a atenção para práticas milenares que, em tempos não muito distantes, eram consideradas supersticiosas e anticientíficas:

> Nos Estados Unidos os exercícios que ajudam a regular as funções respiratórias, como a contemplação budista, praticada pelos adeptos da seita zen, os exercícios de ioga e as *artes marciais chinesas* estão sendo considerados com renovado interesse. Entretanto, nos países orientais como o Japão, a Índia e a China, métodos terapêuticos antiquíssimos destinados a regular e controlar a respiração *têm sido praticados há milhares de anos*[139]. (Grifo meu.)

Zhang Guanjun, 89 anos de idade.

Lin Tien, 5 anos de idade.

Praticantes de destaque no "IV Campeonato Mundial de Kung Fu", sediado em Shao Lin — China, 1995.

---

138. *In*: *O Estado de S.Paulo*, domingo, 16 de junho de 1996, p. A30.
139. Nakamura, T. *Respiração oriental: técnica e terapia*. São Paulo, Pensamento, 1989, p. 13.

PARTE II

O TAO DA EDUCAÇÃO NA ACADEMIA

Antes de falar sobre minha caminhada educativa na escola, é importante contar um pouco do que vivenciei em academias de kung fu. Notem que não me refiro a todas as academias existentes, mas àquelas das quais fiz parte e onde construí grande parcela da concepção que tenho desta arte marcial tradicional chinesa. Nessas academias, desde os alunos iniciantes até os mais avançados participam da mesma aula. Estes, chamados de "irmãos mais velhos", são incentivados a ajudar os novatos ou "irmãos mais novos". Professores e alunos são responsáveis pelo local: limpam o chão, regam as plantas, retocam a pintura das paredes, confeccionam e consertam materiais de treino. Esta responsabilidade não é imposta, pois, quando os mais antigos começam uma tarefa, os novatos espontaneamente os ajudam, sem que seja necessário pedir-lhes. Bronfenbrenner explica que[1]:

> Os eventos desenvolvimentais, que são mais imediatos e potentes como influência no desenvolvimento de uma pessoa, são as atividades que outras pessoas realizam com ela ou na sua presença. O ativo envolvimento ou a mera exposição àquilo que os outros estão fazendo geralmente inspira a pessoa a realizar atividades semelhantes sozinha.

Os mais velhos parecem ter consciência da influência que exercem sobre o desenvolvimento dos novatos que, por sua vez, demonstram uma concepção mais ampliada do ambiente, tornam-se mais motivados e capazes de envolver-se nas atividades da academia. Para

---

1. Bronfenbrenner, Urie. *A ecologia do desenvolvimento humano: experimentos naturais e planejados, op. cit.*, p. 7.

que isso aconteça, há um constante investimento na qualidade das relações e na disciplina. No kung fu, a disciplina não se relaciona com a submissão dos alunos ou com o exercício de poder dos professores, mas, sim, com a responsabilidade e a participação ativa de todos sob a orientação do mestre. Arrien, ao analisar o arquétipo do guerreiro, coloca o seguinte:

> O Guerreiro também deve entender e estar consciente das (...) suas ações praticadas ou não. Essa capacidade de atenção chama-se "responsabilidade", capacidade de responder. O *Book of changes* (Livro das mutações) chinês, e o *I Ching* nos lembram que "não é o que acontece que é importante, é a resposta ao acontecimento que é tudo". Responsabilidade não é apenas a capacidade de responder ao que nos acontece, é também a capacidade de sustentarmos nossas ações e sermos responsáveis por tudo o que fazemos e deixamos de fazer. (...) Esse aspecto da responsabilidade é *"disciplina"*. *Disciplina é o processo de encarar a vida de frente e agir sem precipitação. De fato, esse termo significa "ser discípulo de si mesmo"*. Quando somos discípulos de nós mesmos, honramos nosso próprio ritmo, nosso "ir-passo-a-passo" natural[2]. (Grifo meu.)

A disciplina é o resultado de uma ação intencional, natural em situações ordenadas. Não é a imposição de determinado código de conduta, vinda de um órgão disciplinador externo à pessoa, nem uma imposição de imobilismo, que pressiona a pessoa a não agir. Pelo contrário. As pessoas sentem-se responsáveis e conscientes do seu agir. Além do mais, a presença da disciplina propicia condições para um ensino de qualidade, auxilia na organização do trabalho escolar e permite a atenção dirigida e a concentração do pensamento sobre o exercício proposto, objeto do conhecimento.

Durante as aulas, ou para finalizá-las, há reflexões sobre provérbios chineses. Os alunos são encorajados a explicar os provérbios, expor qual a lição de vida que trazem e em que momentos do treino estiveram presentes.

Quanto aos pais, estes são convidados a participar das aulas ou pelo menos de parte delas. A ajuda deles é bem-vinda, seja para a

---

2. Arrien, Angeles. *O caminho quádruplo: trilhando os caminhos do guerreiro, do mestre, do curador e do visionário, op. cit.*, pp. 30-1.

manutenção dos instrumentos de treino, a confecção de materiais ou até para a organização de festas. Essas iniciativas normalmente se solidificam depois que os pais percebem mudanças significativas nos filhos.

A curiosidade de alguns professores a respeito da arte marcial me levou a ser convidada para algumas apresentações, nas escolas onde meus alunos de kung fu estudavam. Em conversas informais, a maioria desses professores me dizia que os alunos, depois de ingressarem na academia, passaram a ficar mais atentos em aula, a demonstrar atitudes um pouco mais respeitosas, prestativas e solidárias com os colegas e com o próprio professor, que melhoraram a concentração durante as atividades e, talvez, por conseguinte, as notas também. Tornaram-se mais calmos na hora do recreio e estavam sempre presentes quando ocorriam brigas — eram os responsáveis por apartá-las. Alguns relataram que tais alunos passaram a ter atitudes de cuidado também com a sala de aula, chamando a atenção dos colegas quando sujavam o chão ou quando não colocavam de volta a carteira que haviam tirado do lugar.

É óbvio que, para estabelecer uma correlação entre os comportamentos desses alunos na escola e sua vivência com a filosofia do kung fu, é preciso um apurado estudo. Porém, esses relatos chamavam muito minha atenção. Até aquele momento, eu apenas podia constatar que, na academia, comportamentos como os relatados eram altamente valorizados. Restava saber se, ao introduzir o kung fu nas aulas de educação física, aconteceriam ou não mudanças semelhantes de comportamento.

O TAO DA EDUCAÇÃO NA ESCOLA

Hora do recreio. Todos brincando, falando alto, jogando bola e, de repente, uma briga envolve vários alunos adolescentes. Tapas, socos, pontapés, sopapos. Em vez de promover uma suspensão coletiva, a diretora chama os alunos, ouve seus motivos, argumenta, e todos entram num acordo. Eles concordam em evitar brigas futuras. Ela sugere ao professor de educação física treiná-los em esportes como luta livre, boxe, tae-kwon-do etc.

"Seria bom que eles tivessem um espaço legítimo para soltar essa energia e agressividade próprias da idade", justifica ela para o professor. Ele topa a sugestão e a coloca em prática. Os resultados são excelentes. Diminuem as brigas, os alunos gostam da nova atividade e o principal — sabem que têm na escola, na diretora e nos professores, interlocutores com quem podem dialogar[3].

Eu sabia que situações positivas poderiam ser vividas com a aplicação do kung fu à educação. Seus movimentos rápidos e expressivos facilmente levam a pessoa a diluir suas tensões, funcionando como fator de catarse, equilibrando as energias acumuladas. Além disso, um grito nunca é apenas um grito, mas é aquilo que ele significa. Um soco nunca é apenas um soco, mas é aquilo que ele significa. Um golpe muito forte deve ser defendido com suavidade, da mesma maneira que uma situação de tensão deve ser resolvida com calma. Um movimento acrobático, de elevado nível de dificuldade, depende da execução de movimentos mais simples. Se as bases de uma pirâmide humana não forem sólidas, aqueles que estão em cima ficarão inseguros, instáveis, e a pirâmide poderá desabar, assim como acontece com as amizades passageiras. Um golpe não planejado pode levar à derrota, tanto quanto uma explosão de raiva pode levar a conseqüências indesejáveis.

---

3. Carvalho, Patrícia. "A indisciplina nossa de cada dia". Revista *Educação*, ano 23, nº 193, maio de 1997, pp. 34-5.

Agora era o momento de transportar toda minha vivência da academia para a escola. Para tanto escolhi, deliberadamente, a instituição mais próxima de minha casa, porque:

> (...) o significado de grande parte do comportamento ocorrendo num dado ambiente social, pode ser compreendido, *desde que o observador tenha participado do ambiente dado* em papéis semelhantes àqueles assumidos pelos participantes e seja um membro da ou tenha extensiva experiência na subcultura em que o ambiente ocorre e do qual vêm os partícipes. Esta condição ainda deixa muito espaço para concepções errôneas, mas reduz consideravelmente a probabilidade de erros grosseiros de interpretação[4]. (Grifo meu.)

Além do mais, se eu não morasse no mesmo bairro onde se deu a pesquisa, não teria flagrado os alunos treinando sozinhos fora da escola e, muito provavelmente, eles não teriam vindo espontaneamente até a minha casa, como ocorreu várias vezes.

Quanto às características positivas ou negativas da escola, claro que o ideal estava longe da realidade, mas considero que as deficiências do espaço físico podem ser superadas com um trabalho de qualidade no espaço pedagógico e relacional.

Em meados de 1995, para que eu pudesse compreender esses diferentes espaços da escola, procurei me integrar a eles — às vezes ficava no pátio com os alunos, na sala dos professores, na biblioteca, na secretaria... Foi quando percebi que a 5ª série era claramente o principal alvo de reclamações. Na sala dos professores, era a série mais criticada. Com ironia, professores comentavam dos seus "anjinhos". Alguns se queixavam dos "pequenos", que eram muito infantis para estarem numa 5ª série; também não sabiam o que fazer com os "marmanjos", que não se interessavam por nada e eram muito malcriados. Os professores das outras séries geralmente concordavam com as reclamações dos colegas e se compadeciam de suas dificuldades, trocando experiências, dando sugestões ou tecendo comentários passivos: "5ª série é assim mesmo, não tem jeito".

---

4. Bronfenbrenner, Urie. *A ecologia do desenvolvimento humano: experimentos naturais e planejados*, op. cit., p. 25.

Nas classes, durante os intervalos de aula, os alunos me rodeavam para conversar. Eu procurava deixá-los à vontade. Era comum me perguntarem qual era a opinião dos professores sobre a classe. Propositadamente, eu aproveitava a oportunidade: "Olha, não fico muito na sala dos professores, então eu não sei. Mas... o que é que vocês pensam que os seus professores acham de vocês?". Dentre as várias falas, uma foi repetida diversas vezes: "A 5ª série é a pior".

Foi por isso que elegi a 5ª série para desenvolver o estudo piloto: um minicurso de kung fu, ministrado durante as aulas de educação física, nos meses de outubro e novembro de 1995. Selecionei seqüências básicas de movimentos e posturas que são encontradas em qualquer estilo de kung fu. Primeiro, para oferecer aos alunos uma introdução à arte, de tal forma que aqueles que quisessem pudessem depois ingressar numa academia e especializar-se em determinado estilo. Segundo, porque, usando a parte geral e básica do kung fu, o experimento poderia ser mais tarde reaplicado ou adaptado por outros pesquisadores, sem que fosse necessário um conhecimento específico dos estilos externo e interno que pratico (*serpente* e *chen t'ai chi*, respectivamente).

Algumas vezes, depois da prática, nossas conversas se prolongavam mais do que o esperado e, embora a participação não fosse obrigatória, muitos alunos demonstravam grande interesse. Como era esperado, havia os displicentes, que não respeitavam os colegas nem a mim e atraíam para si a atenção de todos sempre que possível. Algumas vezes me senti falando para um auditório de surdos. Os chineses diriam que eles não reconhecem a "ordem das coisas". Manifestavam características extremas de *Yang* (ativos demais, agressivos demais, dominadores demais, expansivos demais). Não eram capazes de seguir qualquer tipo de pedido. Faziam gracejos, davam saltos e gritos a todo momento e debochavam dos que estavam tentando aprender, imitando seus erros. Indisciplina e falta de vergonha: uma mistura belissimamente comentada por La Taille[5]:

---

5. La Taille, Yves. "A indisciplina e o sentimento de vergonha". *In*: Aquino, Julio G. (org.). *Indisciplina na escola: alternativas teóricas e práticas*. 4ª ed. São Paulo, Summus, 1996, p. 10.

(...) se o essencial da imagem que os alunos têm de si (e querem que os outros tenham deles) inclui poucos valores morais, se seu "orgulho" alimenta-se de outras características, é de se esperar que sejam pouco inclinados a ver no respeito pela dignidade alheia um valor a ser reverenciado, e nem a considerar seus atos de desobediência como correspondentes a uma imagem positiva de si (afirmação da própria dignidade, como no caso da revolta contra a autoridade). *Não sentirão nem vergonha, nem orgulho de suas balbúrdias. Não sentirão nada.* (Grifo meu.)

Segundo o pensamento chinês, quando há desequilíbrio entre *Yin* e *Yang*, surgem as doenças do ser humano[6], que podem se manifestar de inúmeras formas: uma úlcera, um câncer, um sentimento de profunda tristeza ou de extrema euforia, falta de respeito, de disciplina, violência e assim por diante[7]. O problema é que a "falta" de valores humanos, num estágio potencializado, reflete-se na própria desvalorização da vida, tal como Morais salienta:

A pior violência do mundo contemporâneo está na impressão que temos de que a vida humana perdeu o valor. É com certa passividade que assistimos às reportagens que mostram aviões ou trens acidentados, ou apresentam um maníaco que violentou e matou, acumulando cadáveres enterrados nas imediações de sua residência. O noticiário da televisão é tão acelerado e fragmentado que, embora atacados por alguns sofrimentos, acostumamo-nos a não reter sentimento prolongadamente; quando muito uma expressão de espanto e outra de solidariedade, ambos rápidas e distantes a ponto de não suscitarem nenhuma tomada de posição ante os infortúnios dos nossos semelhantes. Súbito constatamos, com desaponto, que a vida já não vale muito[8].

Seguramente, o estudo piloto foi riquíssimo, graças às intensas situações nele vividas. Seu rumo era alterado a cada dia, levando-me a sentir, na prática, o que o pensamento chinês chama de "seguir conforme o Tao", manter-se em equilíbrio dinâmico e aceitar que o único fator imutável do universo é a própria mutação. Talvez fosse

---

6. Da Liu. *T'ai chi chuan e meditação*. São Paulo, Pensamento, 1990.
7. Page, Michael. *Ch'i: energia vital, op. cit.*, 1991.
8. Morais, Régis de. *Violência e educação, op. cit.*, p. 95.

até desnecessário dizer que nenhuma das aulas aconteceram como eu havia planejado.

Conquistar cada um dos alunos foi uma construção árdua, porque implicava a minha própria mudança a cada instante. Ainda assim, descobri quais eram os exercícios, posturas e movimentos que eu poderia utilizar no experimento. Todos os exercícios que adotei estão detalhadamente retratados em publicações nacionais, dentre as quais indico:

1. Obras que contêm descrição topográfica de movimentos de estilos externos: Minick, 1975; Zaohua, 1988; e Zhenbang, 1995.
2. Obras que contêm descrição topográfica de movimentos de estilos internos: Da Liu, 1990; Despeux, 1993; e Habersetzer, 1994.
3. Obras que contêm descrição topográfica de exercícios gerais de kung fu: Chia, 1994; Huang, 1973; e Huard e Wong, 1990.

Ao final do estudo piloto, a resistência daqueles "indisciplinados" havia diminuído um pouco. Os apelidos eram menos freqüentes, os gracejos vinham em momentos descontraídos, mais oportunos, nos quais todos riam (inclusive eu). As "agressões", em forma de piadas, eram muito mais voltadas para a dificuldade da tarefa do que direcionadas a um colega específico ou a mim. Com o estudo piloto, tomei consciência de que só mesmo a flexibilidade permite uma inter-relação saudável. Assim como bambus numa tempestade, também me vi encurvada diante de tantos problemas. Felizmente, problemas instigam a busca de soluções.

A 5ª série C

Para o ano letivo de 1996, havia 116 alunos matriculados na 5ª série vespertina, turmas B (GCI: Grupo Controle I), C (GE: Grupo Experimental) e D (GCII: Grupo Controle II), respectivamente com 40, 38 e 38 alunos. Eu daria aulas de kung fu apenas para a 5ª C (GE) e compararia os resultados com as outras duas turmas (GCI e GCII), com as quais o professor desenvolveria basquete e vôlei, para as meninas, e futebol, para os meninos.

Antes de escolher a turma com a qual eu trabalharia, a 5ª C foi "bombardeada" por reclamações. Havia um consenso entre professores e alunos de que aquela era a pior classe da escola. Fui então procurada pela coordenadora:

> — Olha, Luzia Mara, se você quer mesmo trabalhar com problemas, então a 5ª C é um prato cheio. Os professores não estão agüentando trabalhar com ela. Os alunos são indisciplinados, não param quietos, até tapa já saiu na classe — isto porque estamos só na segunda semana de aula! Faz tempo que a escola não tem uma turma tão difícil assim. Na minha opinião, vendo o seu trabalho, acho que você ajudaria muito a gente se ficasse com essa classe.

Foi assim que, em vez de sorteada, a 5ª C foi escolhida como Grupo Experimental. Quando essa decisão foi tomada, eu estava fazendo as entrevistas de pré-teste com todos os alunos, como parte necessária para a coleta de dados da pesquisa. Mas percebi que "entrevistar os alunos" havia se tornado um meio positivo de iniciar o contato com eles, criando laços afetivos entre nós. Se o comportamento de cada membro de um sistema depende do comportamento de todos os outros, se o sucesso de uma comunidade depende do sucesso de cada um de seus membros, então o incentivo para a formação de laços afetivos entre todos seria uma tremenda vantagem estratégica. "Nutrir a comunidade significa nutrir essas relações", afirma Capra[9].

Apesar de a situação ser inusitada para eles, a maioria ficava à vontade após os primeiros momentos da conversa. Como haviam respondido a um questionário, que eu havia preparado, alguns dados a respeito de cada um já estavam em minhas mãos. Isso permitiu que o início da entrevista fosse "personalizado". Três perguntas básicas eram feitas: "O que significa, para você, uma atividade física?", "Você se cuida? Como?" e "Você faz alguma atividade física?". Apenas para a 5ª C perguntei: "O que você espera do kung fu?".

---

9. Capra, Fritjof. *A teia da vida: uma nova compreensão científica dos sistemas vivos, op. cit.*, p. 232.

— Olá! Tudo bem, P.®? Como vai?

— Bem.

— Você se lembra de mim?

— Lembro. Você é quem vai dar aula de kung fu pra gente, né?

— É isso aí, sou eu mesma. O meu nome é Luzia Mara. Alguns me chamam de Luzia, outros de Mara, outros de Luzia Mara, outros só de Lu. Com o tempo vocês vêem como é que vão me chamar. P., eu estou conversando com o pessoal aqui, batendo papo, porque queria conhecê-los melhor. Afinal de contas, preciso saber quem é que vão ser os meus alunos. Tenho aqui um questionário, com umas perguntas que você respondeu... quer dizer que você gosta mesmo é de futebol?

— Eu adoro.

— E você joga bastante?

— Jogo, ô se jogo.

— Quanto é bastante?

— Sempre que tem aula de educação física eu jogo... na rua também... eu jogo quase todo dia. Só quando tá chovendo ou quando tem muito dever, daí não dá.

— Ah, não dá mesmo... P., você marcou aqui também que você trabalha. É verdade? Onde é que você trabalha?

— Verdade, psôra. Eu entrego jornal todo dia, de manhã, aqui no bairro. Cato minha bicicleta e vô embora.

— Puxa! Você deve se sentir importante levando o jornal para as pessoas saberem logo cedo das coisas que estão acontecendo no mundo, não?

— É! Nossa, se é.

— Bem, P., eu vou fazer algumas perguntas, não tem certo, não tem errado, eu gostaria que você falasse o máximo possível. Quanto mais você falar, melhor. Tá legal? Eu gostaria de saber *o que significa, para você, uma atividade física*?

— Ah, significa uma coisa boa, muito boa.

® Todas as iniciais apresentadas neste trabalho são fictícias, não correspondendo ao nome verdadeiro das pessoas em questão.

— Como assim?

— É... uma coisa que faz bem pra saúde da gente, não deixa ficar muito gordo, faz bem pros ossos, pra carne, quer dizer, pros músculos... Significa fazer aula de educação física, fazer um esporte...

— *Você faz alguma atividade física?*

— Faço. Eu vou nas aulas de educação física... jogo bola, também.

— Sei... e... *você se cuida?*

— Cuido.

— *Como?*

— Como! Assim... eu tomo banho, limpo as orelhas, não como muito pra não ficar gordo, tomo remédio... é assim.

— É isso então que você faz para se cuidar?

— É. É isso. Tomo cuidado pro corpo não ficar sujo... limpo embaixo das unhas.

— E *o que você espera do kung fu?*

— Não sei! Como assim?

— Nós vamos ter aulas de kung fu, não é?

— É.

— Então, o que é que você está pensando... o que é que você está esperando do kung fu?

— Não sei. Eu acho que vai ser muito bom, mas eu não sei. É que eu nunca fiz kung fu. Um amigo meu, que tá na 6ª, fez o ano passado, né, que você deu umas aulas pra ele. Ele falou que é legal, que ele gostou. Daí quando a gente ficou sabendo que era a gente que ia ter aula, ficou todo mundo contente. Eu tenho vontade de fazer.

— É mesmo, tem vontade? Por quê?

— Ah! Porque eu nunca fiz, eu queria saber kung fu. Eu adoro assistir filme que tem luta... aquele do Karatê Kid... acho o maior legal. É bom também pra gente aprender a se defender, né. Sabe, quando tem briga na rua, às vezes os moleques vêm tudo de porrada em cima de você. Daí, com o kung fu, eu acho que eu vou aprender a me defender melhor dos outros... não sei... é, acho que é isso que eu espero. Eu tô curioso pra ver como que é o kung fu. Faz tempo que você faz kung fu?

— Faz uns seis anos, mais ou menos.

— E você faz aqueles negócios assim, que parece os animais? (fez gestos com as mãos)

— Faço, faço sim. Eu uso espada também, lança, tem bastão... é superlegal.

— Mas qualquer um usa?

— Não, não qualquer um. É claro que, no começo, a gente não usa arma nenhuma, né, porque é perigoso. A pessoa só passa pro treino com armas quando ela já sabe muito bem alguns movimentos. E ainda assim, começa treinando primeiro com um pedaço de pau, um cabo de vassoura... só depois de muito tempo é que passa pra arma.

— Nossa, que legal. Já pensou, psôra, a gente tudo fazendo kung fu aqui na escola, aprendendo tudo esses negócios... Mas não sei não hein, psôra, tem umas meninas aí na classe que eu acho que não vão fazer nada não, hein.

— É mesmo? E por que será?

— Ah, não sei, acho que elas não gostam muito assim de coisa de se defender, de lutar... não sei... Agora, eu vou fazer. Ah, eu quero aprender tudo o que esse pessoal aí faz nas academias... Eu tinha vontade de fazer academia, mas, sabe, custa muito caro. Tá louco! Pelo menos aqui vai dar pra gente aprender um pouco, né.

— Claro que é. Um pouco, pelo menos. Mas, que bom que você está a fim de aprender! Espero que você goste bastante, que a gente tenha oportunidade de conversar mais e de se conhecer melhor. Vá se preparando para as aulas, hein, porque eu não vejo a hora de conhecer a classe e começar as aulas!

— Quando é que vai começar?

— Semana que vem, quinta-feira; são as duas últimas aulas.

— Ah... só na semana que vem?

— Pois é. Tomara que chegue logo. P., muito obrigada por você ter vindo falar comigo. Nós nos vemos nas aulas, tá.

— Tá bom. Tchau, então, psôra.

— Tchau, tchau.

Por meio desse instrumento pude confirmar a homogeneidade do grupo: 100% dos alunos eram absolutamente diferentes uns dos outros [sic]. "Pensar globalmente, agir localmente", diz o *slogan* ecológico. Era preciso pensar no grupo-classe e, concomitantemente, direcionar minhas ações para cada aluno em específico, respeitando a idiossincrasia humana.

Em geral, eram alunos que brincavam na rua e iam constantemente à Serra do Japi[♥], sentiam-se muito bem quando faziam algum tipo de atividade física, não freqüentavam academias de ginástica ou de artes marciais, nem contavam com acompanhamento escolar especializado, como aulas particulares ou atendimento psicopedagógico. Os alunos estavam "curiosos" para conhecer o kung fu, e o identificavam como um "esporte" que ensina "defesa pessoal" e "disciplina". Alguns responderam que o kung fu era uma "arte" que ajudava a ficar com o corpo forte e os músculos firmes, e que ajudava as pessoas a ficarem mais calmas e controladas.

Dentre as situações específicas, destaco "o garoto-problema" da classe, segundo professores, alunos e direção: onze anos, nenhuma repetência, boas notas; ali estava um foco de reclamações e motivo principal pelo qual a 5ª C era identificada como "a pior":

— Ele é o próprio indisciplinado. Ninguém o agüenta. Ele bate nos colegas, puxa o cabelo das meninas... isso porque ele é pequenininho, hein! (direção).

— Ah, psôra, a gente não quer sentar perto dele não. Ele fica mexendo com a gente... ninguém da classe gosta dele (alunas).

— Ele não pára. É terrível. Eu não posso virar para escrever na lousa que ele coloca a classe de pernas para o ar. Outro dia ele enfiou um lápis no braço do amigo; ficou aquela ponta enterrada. E o que é que eu podia fazer?! Ele é demais, você vai ver (professora).

Infelizmente, o contato que tive com esse garoto foi mínimo, mas bastante significativo. Quando eu o entrevistei, perguntando "o que você espera do kung fu?", ele me deu uma interessante resposta:

— Eu? Ah... eu espero que seja bom, *que a gente possa fazer amigos*, conhecer melhor as pessoas, saber mais coisas da gente mesmo... ter mais disciplina também, quer dizer, *aprender a ter disciplina*, né.

[♥] Reserva ecológica localizada a apenas um quilômetro da escola.

Eu acho assim, acho que o kung fu é um esporte *que ensina muitas coisas de respeitar...* tem também aqueles gritos... aprende a respirar... *pôr as coisas pra fora, né,* porque daí *a gente fica mais equilibrado...*

A fala desse garoto entrava pelos meus ouvidos como um pedido de socorro, feito por alguém que estava clamando por atenção, afeto e limites também. Ele precisava de um grupo que estivesse desprovido de conceitos pré-formulados a seu respeito. Presenciei, várias vezes, as pessoas tratando-o de acordo com a imagem negativa que tinham dele, e não de acordo com a situação que estava ocorrendo. Vi, *in loco,* o perigo de termos um paradigma rígido, que nos faz encaixar o objeto de conhecimento dentro dos padrões já formulados, a qualquer custo.

Minha preocupação, agora, era: diante de falas como as desse garoto, dos dados coletados e da riqueza das entrevistas, como poderíamos iniciar as aulas sem termos "pré-conceitos" formados?

É claro que minha experiência não começaria do zero, mas, na verdade, eu havia tido contato com cada aluno, individualmente, e não com a classe em si. Considerando que quando o ambiente ecológico muda, mudam as relações que se estabelecem nele, o único pensamento "pré-concebido" que eu tinha era o de que todos são passíveis de mutação. Isto permitiu que eu buscasse espaços abertos para o início, ainda discreto, de um futuro experimento transformador, que "envolve a alteração e reestruturação sistemáticas de sistemas ecológicos existentes, de maneira que desafiam as formas da organização social, sistemas de crença e estilos de vida dominantes numa determinada cultura ou subcultura"[10].

Certamente, o kung fu não estava presente na cultura daqueles alunos, daquela instituição ou da educação como um todo. Assim, ele representaria a introdução de modificações numa subcultura e poderia vir a ser um experimento transformador.

---

10. Bronfenbrenner, Urie. *A ecologia do desenvolvimento humano: experimentos naturais e planejados, op. cit.,* p. 32.

O TAO DA EDUCAÇÃO NAS AULAS[●]

O primeiro encontro com todo o grupo reunido representou claramente um ponto de mutação. A partir daí, uma nova etapa começaria em nossas vidas, como os ciclos representados no símbolo do *t'ai chi*. Momentos que Bronfenbrenner[11] chama de "transições ecológicas": são mudanças de papel ou de ambiente, como nascer um irmão, ingressar na pré-escola ou na faculdade, mudar de professor, de escola, de classe, ser promovido ou aposentar-se:

> A importância desenvolvimental das transições ecológicas deriva-se do fato de elas quase invariavelmente envolverem uma mudança de papel, isto é, das expectativas de comportamentos associados a determinadas posições na sociedade. Os papéis têm um poder mágico de alterar a maneira pela qual a pessoa é tratada, como ela age, o que ela faz, e inclusive o que ela pensa e sente. O princípio se aplica não apenas à pessoa em desenvolvimento, mas também a outras pessoas em seu mundo[12].

O investimento na mudança de papéis era fundamental. Aqueles alunos precisavam saber que eram "pessoas", e não números de uma lista de chamada. Então, em vez de começar a aula expondo o conteúdo de minha disciplina, inverti a trajetória e fiz vários questio-

---

[●] As fotos dos alunos que seqüencialmente ilustram esta experiência tiveram sua veiculação pública autorizada, formalmente, pelos pais ou responsáveis.

11. Bronfenbrenner, Urie. *A ecologia do desenvolvimento humano, op. cit.*
12. *Idem, ibidem*, p. 7.

namentos que indicassem o quanto eles sabiam a respeito de artes marciais. Como todos haviam assistido ao filme *Karatê Kid*, que mostra a relação de um garoto americano com seu mestre oriental e todo o processo de aprendizagem pelo qual o garoto passou, usei-o como ponto de partida para apresentar o significado da palavra kung fu, sua grafia em chinês, um pouco de seu histórico e de suas características principais.

Comentei brevemente sobre minha experiência na arte, evitando falar dos títulos nacionais e internacionais naquele primeiro momento ou citar características minhas que pudessem elevar ainda mais o patamar de poder exercido no papel de professor. Era preciso garantir que, futuramente, atingíssemos uma relação ótima para a aprendizagem e o desenvolvimento, alterando gradualmente o poder em favor dos alunos, ou seja, dando-lhes uma crescente oportunidade de exercer controle sobre as situações[❂] ocorridas tanto no meio ambiente externo quanto interno a eles mesmos[13]. Essa alteração de papéis jamais seria conquistada sem que eu investisse na minha própria auto-observação. Afinal, "quanto maior o grau de poder socialmente sancionado para um papel, maior a tendência de o ocupante do papel exercer e explorar o poder e dos que estão numa posição subordinada a responder com maior submissão, dependência e falta de iniciativa"[14].

"Quase todos podem enfrentar a adversidade, mas, se quiseres realmente testar o caráter de um homem, dá-lhe poder", disse Abraham Lincoln.

Naquela situação, eu teria de polir meu próprio caráter para garantir a fidedignidade da pesquisa. A bem da verdade, naquele momento eu era um elemento de destaque internacional nas artes marciais assumindo o papel de professora de educação física numa escola pública de periferia, interagindo com jovens de classes média

---

❂ Lembro que o controle sobre as situações é sempre relativo e refere-se à autonomia também relativa dos sistemas.

13. Deci, Edward L. *Por que fazemos o que fazemos: entendendo a automotivação*. São Paulo, Negócio, 1998.

14. Bronfenbrenner, Urie. *A ecologia do desenvolvimento humano...*, *op. cit.*, p. 74.

e baixa que desconheciam a arte: "Haveria oportunidade melhor para exercício do orgulho?". Por outro lado: "Haveria oportunidade melhor para exercício da humildade?". Como está escrito no *I Ching*[15]:

> A lei da terra consiste em alterar o que é pleno e fluir em direção ao que é modesto; assim, as altas montanhas são aplainadas pelas águas e os vales são preenchidos. A lei do poder do destino corrói o que está pleno e faz prosperar o que é modesto. (...) O destino dos homens segue leis que têm de ser cumpridas. Mas o homem tem o poder de moldar seu destino, na medida que sua conduta o expõe à influência de forças benéficas ou destrutivas. Quando um homem está em posição elevada e é modesto, ele brilha com a luz da sabedoria. Quando ele está numa posição inferior e é modesto, não pode ser ignorado. Assim o homem superior leva seu trabalho à conclusão sem vangloriar-se daquilo que conseguiu.

Infelizmente, estar atenta aos "perigos" ou "erros" não significa, necessariamente, eliminá-los, muito menos deixar de cometê-los. Mesmo assim, foi esse estado de empatia com a classe que tentei garantir daquele momento em diante[❧].

Apresentei, então, um vídeo com praticantes de 8 a 45 anos de idade, que tinham entre três dias e dez anos de treinamento. Em termos de movimentos (não de filosofia, ainda), os alunos tiveram uma noção da carreira de um praticante, desde o ingresso na academia até níveis de alto rendimento. Diante do que viram, eles próprios concluíram que o seu nível de rendimento atual era o mesmo que o dos alunos iniciantes daquele vídeo. Suas falas, de entusiasmo e expectativa, demonstraram o nível de aspiração criado. Isto significa que traçaram, mentalmente, as primeiras metas a serem atingidas em nossas aulas, antes mesmo de iniciar a prática — o que é bastante positivo. Conhecendo o seu rendimento anterior em tarefas semelhantes, cada aluno teve, naquele instante, um nível alto, baixo ou adequado de aspiração em relação ao seu desempenho no

---

15. *I Ching: o livro das mutações, op. cit.*, p. 69.

❧ Se a experiência mística mais elevada é a sensação de pertinência ao universo (*religare*), uma experiência mística para um professor deve ser a sensação de completa pertinência ao grupo-classe.

kung fu. Esse nível, segundo Samulski, "está caracterizado pela diferença entre um estado atual e um estado futuro. O nível de aspiração pode se definir como a expectativa subjetiva no próprio rendimento futuro"[16].

A aspiração está diretamente ligada à auto-estima, ao repertório de erros e acertos, a vitórias e fracassos vivenciados, bem como aos objetivos ou metas de uma tarefa, os quais, em geral, são definidos informalmente pelos alunos, mas que deveriam ser identificados com a ajuda do professor, pois determinam a maneira como os alunos encaram as atividades escolares[17].

Se as metas dos alunos forem muito altas ou muito baixas, eles provavelmente encararão a atividade como "impossível" ou "desinteressante", não se sentindo motivados a participar. As pessoas raramente se dedicam com afinco a uma tarefa que sabem que não conseguirão finalizar, ou que sabem que irão finalizar sem nenhum esforço. Ao promover discussões entre os alunos, eu os ajudaria a tomar consciência do desempenho atual e futuro provável. Esta conscientização poderia regular-lhes o nível de auto-estima, motivando o empenho deles rumo a um futuro que poderia efetivamente ser atingido, dependendo da dedicação ou da "luta" de cada um. Na linguagem do kung fu, uma luta não se reduz ao combate contra um adversário, mas "contra todo obstáculo encontrado na existência"[18]. A arte da guerra (interior) implica o combate às próprias limitações da pessoa, com o objetivo de conquistar (trazer para si) o que, na verdade, já lhe pertence: a consciência.

Naquele primeiro dia, combinamos que quem não quisesse "fazer", poderia optar por "assistir" à aula. Esta última opção era obrigatória, pois todos deveriam participar ativamente das reflexões. Ensinei-lhes também o cumprimento do kung fu: o punho direito fechado é envolvido pela mão esquerda aberta e, então, a pessoa

---

16. Samulski, Dietmar. *Psicologia do esporte: teoria e aplicação prática*. Belo Horizonte, Imprensa Universitária/UFMG, 1995, p. 57.

17. Lima, Luzia Mara S. "Motivação em sala de aula, a mola propulsora da aprendizagem". *In*: Fini, Lucila D. T.; Oliveira, Gislene C. e Sisto, Fermino F. (orgs.). *Estudos em psicologia educacional*. São Paulo, Vozes, no prelo.

18. Despeux, Catherine. *Tai-chi chuan: arte marcial, técnica da longa vida*, *op. cit.*, p. 75.

curva-se para a frente e abaixa a cabeça, mantendo os olhos nos olhos do companheiro, que faz o mesmo gesto. A mão esquerda, aberta, simboliza a polidez, a educação e o respeito, detendo a violência, a arrogância e a brutalidade, simbolizadas pelo punho cerrado da mão direita. Este gesto encontra-se representado no símbolo oficial da Confederação Brasileira de Kung Fu:

Figura 10 — Símbolo oficial da Confederação Brasileira de Kung Fu.

Por mais feliz que eu estivesse diante da receptividade positiva deles, era preciso considerar que a maioria estava movida pela curiosidade, pelo novo, pelo inusitado. Nutrir essa positividade (expectativa, euforia, expansividade) fortaleceria demais *Yang* e o levaria ao seu extremo. Quando *Yang* atinge o ápice, naturalmente *Yin* toma o seu lugar. Diante dessas situações, o *I Ching* alerta[19]:

> O movimento está em seus primórdios e por isso deve-se fortalecer através do repouso, para que não se dissipe num uso prematuro. Esse princípio básico, de fazer com que a energia nascente se fortifique através do repouso, aplica-se a todas as situações similares. A saúde que retorna após uma doença, o entendimento que ressurge após uma discórdia, enfim, tudo o que está recomeçando deve ser tratado com suavidade e cuidado, para que o retorno leve ao florescimento.

---

19. *I Ching: o livro das mutações*, op. cit., p. 92.

Nas aulas que se seguiram, apresentei primeiro os conteúdos mais gerais do kung fu (e do pensamento chinês), avançando progressivamente para os mais específicos. Sabendo que os conteúdos preliminares mais importantes e gerais devem estar apoiados em exemplos concretos, que os ilustrem empiricamente[20], procurei partir do conhecimento e da realidade dos alunos, para depois apresentar a maneira como o oriental encara determinado assunto ou situação. As aulas tinham também uma seqüência de atividades que partia sempre da ação para a reflexão — começávamos "fazendo" uma atividade e terminávamos "conversando sobre ela". Isto não significa que a ação não possa levar, *de per si*, a uma reflexão, mas o fato de os alunos cumprirem as tarefas propostas não "garante" que tenham tomado consciência do que fizeram, tal qual Freire aponta[21]:

> Não basta fazer, é preciso compreender. O homem é um animal simbólico, que teve que levar o real ao seu imaginário, torná-lo símbolos e, lidando com eles, compreender suas próprias ações. Foi compreendendo suas próprias ações que ele se salvou como espécie. Portanto, compreender o que faz é um direito humano. E nós nos empolgamos com a representação das habilidades motoras de nossos alunos, ignorando, por vezes, que eles não compreendem quase nada daquilo que fazem.
>
> *Fazer e compreender significam integrar, em educação motora, as ações do intelecto com as ações da prática corporal. O vivido é imaginado, e o refletido é transformado em expressões corporais. Como conseguir tudo isso? Uma educação integrada, que não separe fazer de compreender, encontra campo fértil em uma pedagogia do conflito. Conflito no sentido de opor ao conhecido da criança algo familiar ainda não conhecido.* (...) O novo sempre cria embaraços ao conhecimento já possuído e é isso que cria o conflito. O conflito leva o conhecimento de braços e pernas para o plano da reflexão. No plano da reflexão, o que pertencia a braços e pernas passa a pertencer ao corpo todo (incluindo a mente); torna-se matéria-prima de conhecimento, qualquer que seja. (Grifo meu.)

---

20. Coll, César e Rochera, María José. "Estruturação e organização do ensino: as seqüências da aprendizagem". *In*: Coll, C.; Palácios, J. e Marchesi, A. (orgs.). *Desenvolvimento psicológico e educação: psicologia da educação*. Porto Alegre, Artes Médicas, 1996, v. 2.

21. Freire, João Batista. "Antes de falar de educação motora". *In*: De Marco, Ademir. *Pensando a educação motora, op. cit.*, pp. 44-5.

"...algo familiar ainda não conhecido." Nada de kung fu no começo. Em vez disso, um material bastante familiar (jornal), mas uma atividade ainda não conhecida (explorado com os pés). E assim foi. Pegaram os jornais com os pés, rasgaram ao meio, andaram sobre as folhas como se fossem patins; sentaram-se no chão e fizeram bolinhas amassadas; passaram as bolinhas de um pé para o outro e depois para o pé do colega ao lado; brincaram de "escravos de Jó"; abriram as bolinhas novamente, picaram as folhas em partes bem pequenas, pegaram os pedacinhos com um pé e, saltando com o outro, jogaram os pedacinhos no lixo...

Pisar na grama, sentir o tato dos pés na areia e nas pedrinhas do chão, caminhar na ponta dos pés, caminhar com os joelhos flexionados, respirar enchendo o peito, respirar enchendo a barriga, inspirar estendendo todos os músculos e expirar relaxando-os o máximo possível. E até uma brincadeira de cabra-cega misturada com relaxamento que utilizamos nas práticas de kung fu e t'ai chi chuan, pois sensibiliza bastante a pessoa para a tomada de consciência do meio em que vive:

> Em duplas, os alunos devem ficar espalhados pela quadra. Um deles (o que será vendado) faz um único círculo com giz em torno de seus pés e escreve seu nome dentro do círculo. Depois disso, seu companheiro venda seus olhos, certificando-se de que o colega nada pode ver. Então, o professor comanda uma sensibilização: "sintam de que lado o ar sopra com mais força no seu rosto, sintam o sol batendo em vocês, ouçam os sons da escola e identifiquem de onde estes sons vêm; percebam o cheiro da grama e de que lado ela está, enfim, sintam tudo o que está à sua volta e localizem-se neste espaço, neste lugar". Depois disso, o aluno cujo olho não está vendado leva o companheiro para dar um passeio; percorre todos os espaços da quadra e, ao comando do professor, deixa o colega aleatoriamente na quadra e se posiciona fora deste espaço. O objetivo é que o aluno vendado volte exatamente para o centro do círculo que contém o seu nome.

Participei com eles de todas as atividades propostas. Naquelas que eu dominava com destreza, propositadamente eu falhava, me desequilibrava, deixava o papel escapar debaixo dos pés, errava a direção; em outras que dominava menos, como jogar peteca com os pés, eu tentava com afinco acertar. Agindo assim, eu procurava materializar a maneira como Yus[22] aborda o papel ideal do professor (e do aluno):

> É muito importante que os professores se situem na problemática do meio, *junto aos alunos, em atitude de conhecê-la e vivê-la, desfrutá-la ou sofrê-la e também conservá-la ou transformá-la.* Por seu lado, os alunos devem passar de sujeitos passivos, receptores e repetidores de informações, a serem sujeitos ativos, críticos, autônomos e protagonistas de suas próprias aprendizagens, envolvendo-se colaborativamente nos processos de investigação e aprendizagem significativa (aprendendo a aprender), capacitando-se para buscar a informação, organizar o trabalho, tirar conclusões e avaliar o trabalho. (Grifo meu.)

Junto com eles eu me divertia, sentia dificuldades, sujava os pés e a roupa, rolava no chão... Junto com eles eu refletia sobre cada passo dado, em cada uma das aulas:

— Agora, pessoal, vamos sentar um pouquinho para conversar. E aí, o que é que a gente fez hoje? Vamos ver quem se lembra do começo da aula. Qual foi a primeira coisa que a gente fez?

— Fez uma roda.

— E daí, o que foi que a gente fez na roda? Ficamos um do lado do outro e...

— E daí a gente segurou bem forte um no outro, pra não deixar os três que estavam dentro sair.

— E vocês três, conseguiram sair?

— Não, psôra, não conseguimos não. Não deu, né! Bem que a gente tentou, mas a roda estava muito apertada.

— Aqueles que estavam na roda, o que é que precisaram fazer para não deixar eles saírem? Contem para mim, como é que foi.

— Ah... a gente deu o braço e segurou bem forte um no outro, ficou bem juntinho. Daí eles não conseguiam passar.

— Ah, entendi. Quer dizer que quanto mais juntos, mais fortes?

---

22. Yus, Rafael. *Temas transversais: em busca de uma nova escola.* Porto Alegre, ArtMed, 1998, p. 226.

— É sim. A gente juntava tanto, ficava tão forte que não passava nem uma agulha.

— Entendi. Vocês estão me dizendo que, ficando juntos, ficaram mais fortes?

— É isso mesmo.

— Então, vamos pensar um pouco. Pensem, primeiro, depois respondam: "Será que é só aqui neste exercício que isto acontece? Quero dizer, será que vocês ficam mais fortes quando estão juntos só aqui nesta brincadeira que eu dei, só aqui nesta aula?".

— Olha, psôra, não é só aqui não. Eu acho que, quando a gente fica junto na classe, quando é amigo, fica mais forte também. Porque se a gente é amigo, um ajuda o outro. Se um está precisando de ajuda, o outro já vai lá e ajuda.

— É sim, psôra, se um ajuda o outro, a gente fica mais forte até nas aulas. Que nem, outro dia, a J. viu que eu não sabia fazer o trabalho de artes. Daí ela veio e colou as coisas junto, e eu consegui terminar. Sozinha eu não ia conseguir.

— É, né, seus ratos. Vocês falam assim porque a psôra tá aí. Mas vocês são os primeiros a zonear a aula e não deixar a gente prestar atenção. Daí quando vem a prova, a gente se ferra e vocês não estão nem aí!

— Espera um pouco. Espera um pouco. É a primeira vez que conversamos sobre isso. Se nós ficarmos jogando pedras um no outro, não vamos ser amigos nunca. Fortes, muito menos. Vocês já tiveram a oportunidade de conversar sobre amizade antes? (Fizeram sinal negativo com a cabeça.) Então, sem conversar, um nunca vai saber o que o outro pensa... como o outro se sente quando a gente zoneia, faz as coisas que não devia, não respeita... Mas, para falar sobre as coisas que machucam, precisamos conversar sem fazer doer mais. Senão, só machuca mais ainda e não adianta nada, só piora. Então, vamos decidir aqui entre nós, vamos combinar como é que vamos fazer. Como é que vamos conversar, daqui pra frente, sem mentir, sem deixar de falar a verdade para o outro, mas sem machucar. Como é que vocês acham que a gente pode fazer isso?

— Ah, psôra, eu acho que a gente pode falar as coisas que não estão certas, sem ficar xingando o outro. De repente, o outro nem sabe que está fazendo alguma coisa errada e a gente já vai xingando, falando bravo com ele. Às vezes eu não fiz nada e já levo na cabeça.

155

— É mesmo, psôra. Por que a gente não combina de falar educado?

— Bem, acho que este pode ser um bom começo. O que é que vocês acham?

Os nossos diálogos (bem mais extensos do que é possível transcrever) proporcionavam reflexões que mudariam consistentemente os papéis de cada um, passando de espectadores a protagonistas das situações vividas durante as aulas. Vale considerar que, como afirma Bronfenbrenner, "os papéis têm um poder mágico de alterar a maneira pela qual a pessoa é tratada, como ela age, o que ela faz, e inclusive o que ela pensa e sente"[23].

É claro que mudanças de pensamentos e sentimentos acontecem a conta-gotas.

Nas primeiras aulas, eu gastava de cinco a dez minutos para que todos me ouvissem; mais dez minutos para que eles se organizassem e começassem a atividade. Quando eu simplesmente propunha uma tarefa, sem ajudá-los a cumpri-la, nada de efetivo acontecia. Eram incapazes de formar uma fila, ficar lado a lado ou fazer um círculo em menos de doze minutos (cronometrados!). Silêncio durante minhas explicações sobre "o que e como fazer" era inexistente. A quadra parecia significar o "extremo extremamente" oposto à sala de aula (ou, como coloca o professor Régis de Morais, o "picadeiro de aula" era oposto à "jaula de aula"[24]). Para lidar com esta situação, refleti muito sobre duas passagens contidas no *I Ching*. Em "O exército"[25], está escrito:

> O exército é uma massa que necessita de organização para tornar-se uma força de combate. Sem uma firme disciplina nada se pode alcançar. Porém tal disciplina não pode ser atingida através de meios violentos. Ela requer um homem forte *que conquiste o coração do povo, despertando-lhe entusiasmo*. (Grifo meu.)

---

23. Bronfenbrenner, Urie. *A ecologia do desenvolvimento humano: experimentos naturais e planejados, op. cit.*, p. 7.

24. Morais, Régis de. "Entre a jaula de aula e o picadeiro de aula". *In*: Morais, Régis de (org.). *Sala de aula: que espaço é esse?* 9ª ed. Campinas, Papirus, 1995.

25. *I Ching: o livro das mutações, op. cit.*, p. 48.

E em "Entusiasmo"[26], encontrei:

A época do entusiasmo se baseia na presença de um homem eminente que se encontra em *empatia com a alma do povo e atua de acordo com ela*. Por isso ele encontra uma obediência geral e voluntária. Para despertar o entusiasmo, o homem deve ajustar suas instruções ao caráter daqueles a quem vai conduzir. (...) É ainda o entusiasmo que possibilita designar ajudantes para executar tarefas sem temer oposições secretas. É também graças a ele que se pode chegar à unificação dos movimentos de massa de modo a se atingir a vitória...

Por um lado, era necessária uma intervenção clara e precisa a respeito da tarefa a ser vivenciada, garantindo a existência de disciplina durante a aula; por outro, essa disciplina deveria ser conquistada por meio da empatia — o que manteria o nosso entusiasmo nos momentos compartilhados. Era preciso atentar para a lição dada pelo *I Ching*: ponderação, seguindo o caminho do meio, o *t'ai chi*, para não transformar a classe nem em picadeiro, nem em jaula.

Passadas algumas semanas, escrevi um provérbio chinês na lousa: "Somos todos como os dedos de nossas mãos: muito semelhantes, mas não idênticos". Depois de discutirem bastante, os alunos concluíram que todos os dedos são importantes, cada qual com sua função e utilidade. Essa discussão, automaticamente, os reportou ao caso de N., o "garoto-problema", que havia sido transferido para o período matutino (foi a forma encontrada pela escola para afastá-lo da convivência dos amigos, os quais ele influenciava negativamente). Acontece que N. era um dos alunos mais interessados e aplicados nas minhas aulas. Refletimos sobre os motivos que poderiam levá-lo a ser, no mínimo, inconveniente. Os alunos, então, passaram a dar mil idéias, fazer mil planos para ajudar N. a se sentir melhor, mais valorizado e continuar fazendo parte do grupo — convidaríamos N. a participar das aulas de kung fu. Naquela mesma tarde, ao sair da escola, um grupo de alunos foi à casa de N. para dar-lhe a notícia.

No dia seguinte, N. participou da aula de kung fu. Alunas que nunca o haviam cumprimentado estavam ao seu lado, conversando.

---

26. *I Ching: o livro das mutações, op. cit.*, p. 71.

Dois garotos, que antes não hesitavam em chamá-lo de "fedorento", trouxeram-lhe roupas limpas de presente.

Dias depois, N. deixou a escola.

Sem saber, esse garoto havia sido protagonista de uma grande lição que todos aprendemos.

A organização de uma "família kung fu" foi ilustrada pela situação concreta que vivemos com N. Aqueles que se prontificaram a ajudá-lo e efetivamente o fizeram assumiram o papel de "irmãos mais velhos". E N., ao aceitar ajuda, assumiu o papel de "irmão mais novo".

De certa forma, todos os alunos assumiram o papel de irmão mais velho, ou "ajudador"◐, em algum momento, durante aquele ano. Os melhores em movimentos acrobáticos ajudavam os outros; os melhores em movimentos marciais ajudavam os outros; os melhores em argumentação ajudavam os outros; os melhores em produção de textos ajudavam os outros; os melhores em criatividade para elaboração de apresentações ajudavam os outros... No papel de "irmão mais velho", o aluno sente-se valorizado, mudando o estigma negativo que traz consigo, principalmente o aluno repetente ou de aprendizagem lenta. No kung fu como na vida, assumir o papel de ajudador tem uma importância ímpar:

> (...) todos nós — mais cedo ou mais tarde, e normalmente mais cedo — sofreremos doença, solidão e a necessidade de ajuda, conforto ou companheirismo. *Nenhuma sociedade pode se sustentar muito tempo, a menos que seus membros tenham aprendido as sensibilidades, motivações e habilidades envolvidas na ajuda e no atendimento aos outros seres humanos.*
>
> Mas a escola, que é o ambiente com responsabilidade primária por preparar os jovens para uma participação efetiva na vida adulta, não dá uma grande prioridade (...) ao oferecimento de oportunidades em que esta aprendizagem possa ocorrer. (...) Há alguns anos eu venho defendendo a introdução nas nossas escolas, desde as primeiras séries, do que eu chamo de um *currículo de atendimento* (...) O propósito desse

---

◐ Ajudador" e "ajudado": termos adotados por Miranda e Miranda. *In*: Miranda, C. F. e Miranda, M. L. *Construindo a relação de ajuda*. Belo Horizonte, Crescer, s/d.

currículo não seria aprender *sobre* o atendimento, mas empenhar-se *nele*...[27]. (Grifo meu.)

O que está embutido na idéia de "família kung fu" e no papel de "irmãos mais velhos" e "irmãos mais novos" é justamente a responsabilidade dos alunos pelo atendimento aos próprios colegas e o acolhimento dos mesmos à ajuda oferecida. Antes de cuidar de outras pessoas (idosos, bebês, doentes), os alunos devem cuidar das pessoas que estão no seu próprio ambiente ecológico (micro e mesossistema).

Quando comecei a ensinar posturas básicas do kung fu, por exemplo, era praxe que um ridicularizasse os erros do outro. Em pouco tempo, tomaram consciência, por um lado, de que a falha do outro era também conseqüência de uma falha no seu papel de "irmão mais velho" (ou de ajudador); por outro lado, nenhum deles conhecia o kung fu suficientemente para julgar o desempenho do outro. E, ainda que conhecessem, seria sábio atentar para o que diz o provérbio: "Gato que ruge como tigre tem que ter garras afiadas".

Postura do cavalo ("ma pu"), com exercícios respiratórios.

---

27. Bronfenbrenner, Urie. *A ecologia do desenvolvimento humano..., op. cit.*, p. 43.

Postura de "Luo Han" (equilíbrio sobre um só apoio).

Essas fotos mostram duas posturas básicas, chamadas "ma pu" (do chinês: "postura do cavalo") e "Luo Han" (nome de um legendário monge chinês). Nessas e em todas as outras posturas do kung fu, manter o *t'ai chi* (equilíbrio) é um princípio básico. A coluna centrada — viga mestra de todo o corpo — garante o constante equilíbrio dinâmico corporal. Manter-se em tais posturas também objetiva desenvolver a capacidade de concentração do praticante (e de perseverança, disciplina, autocontrole...). Na postura de "Luo Han", principalmente, a pessoa fica muito tempo sobre apenas um apoio; quanto mais ela dispersa sua atenção, maior é a dificuldade de se estabilizar e completar o exercício com êxito.

Somente com as posturas básicas do kung fu já foi possível a reflexão sobre uma variedade incrível de assuntos. Quando acrescentei às posturas os exercícios de respiração, os diálogos tornaram-se ainda mais ricos.

Em silêncio, cada um prestava atenção em sua respiração, sem modificá-la — apenas senti-la, analisá-la. Tampando os ouvidos com as mãos, tentavam ouvir e sentir o ritmo de sua respiração. Espalmavam as mãos no abdômen e depois no tórax, verificando a expansão e o recolhimento de ambos. Enchendo bexigas (balões de ar) com um só sopro, puderam "ver" a capacidade de sua respiração torácica.

Depois que lhes apresentei a forma como se respira no kung fu, compararam e constataram que, com a respiração abdominal, a capacidade respiratória pode ser ampliada ainda mais. "Respirar bem" tem resultados comprovados pela ciência ocidental, os quais não precisam ser repetidos neste livro. Entretanto, o ato de respirar tem também a função de trazer *ch'i* para o corpo. Esta função é muito bem abordada por Michael Ski, em sua obra *Respirando: expandindo seu poder e energia*[28]:

> Cada célula do corpo humano é (...) um reator atômico do mais raro modelo, que está continuamente comprometido com a conversão da matéria em energia e da energia em matéria. O material que constitui esse duplo processo de conversão é levado ao núcleo de cada célula, através dos sistemas físicos, que são bem conhecidos da ciência ocidental; entretanto, o livre fluxo da energia universal também é levado ao núcleo de cada célula através de um sistema circulatório sutil, que a ciência ocidental ainda não explicou.
>
> Nossa respiração é o mecanismo vivo que dirige este sistema circulatório sutil. O principal caminho através do qual os seres humanos convertem energia em forma física é a respiração. Em cada respiração, estamos juntando e modificando a matéria-prima de nossos corpos e mentes.
>
> O processo de respirar energia para dentro do corpo se inicia em termos puramente quantitativos: *o ar que respiramos está repleto de energia vital*. (...)
>
> Existem também aspectos vitais qualitativos em nossa respiração: o grau de consciência que trazemos com a nossa respiração determina a natureza de nossas manifestações físicas e mentais. É através da respiração que a energia reúne, circula e se irradia em todos os aspectos de nosso ser. *A qualidade, o ritmo, a profundidade, a intensidade, a conduta física e a concentração mental de cada respiração contribuem precisamente com o movimento e a incorporação da energia para o interior de nossas vidas.* (Grifo meu.)

---

28. Ski, Michael. *Respirando: expandindo seu poder e energia*. São Paulo, Gente, 1990, pp. 24-5.

Por esses e outros motivos, as artes marciais e terapêuticas em geral consideram tão relevante a *energia da respiração* (*ch'i*), principalmente quando esta é adequada a um exercício físico. Um significativo exemplo desta adequação está no que as artes marciais chamam de "kiai", que são os gritos dados pelos praticantes em alguns momentos específicos do treinamento. Um "kiai" tem uma grande função catártica, eleva a auto-estima e ativa a atenção, a concentração e a energia ou poder interior.

Muito embora exercícios de respiração e "kiais" tenham efeitos benéficos comprovados, estas não são práticas comumente adotadas em aulas de educação física. O fato de os alunos nunca terem feito estes exercícios antes causava tanto curiosidade quanto estranheza. Enquanto alguns se deixavam levar pelo fluxo das atividades, outros não conseguiam fazer silêncio, faziam piadinhas e distraíam os que estavam concentrados. Nada mais nada menos do que o esperado. Por esse tipo de atividade visar à auto-observação e à autoconsciência, as pessoas preferem se esquivar a olhar de frente para elas mesmas e assumir a responsabilidade dos próprios sucessos e fracassos. É como diz o provérbio chinês: "O sarcasmo é o último refúgio do espírito derrotado". Acontece que, para lidar com esta dificuldade, eu precisava ter um nível de exigência, com autoridade, que não se confundisse com um autoritarismo desmedido:

> O sentido original da autoridade (do latim augere) é fazer crescer. Só cresce, no entanto, quem sabe perguntar, ou melhor: que se sabe livre e está apto para questionar. A educação motora, dado que visa à transcendência (a superação), deve fazer sentir ao aluno a necessidade da pergunta e do movimento que corporiza. É principalmente na pergunta do aluno que o professor se interroga. (...) *Aulas difíceis e belas, em que se cria e convive com a incerteza, com a inquietação, com o sonho, com a alegria, com a gratuidade, com a vontade firme de ir mais além*[29]. (Grifo meu.)

---

29. Sérgio, Manuel. "Educação motora: o ramo pedagógico da Ciência da Motricidade Humana". *In*: De Marco, Ademir. *Pensando a educação motora, op. cit.*, p. 170.

Aceitando as dificuldades e indo além, ancorei os ensinamentos subseqüentes nos exemplos concretos dos exercícios com jornais e do jogo de peteca com os pés. Dessa forma, os movimentos do kung fu foram facilmente compreendidos pelos alunos e, em pouquíssimo tempo, executados com grande destreza.

Por exemplo: para caminhar sobre folhas de jornal sem que saíssem de debaixo dos pés (como patins), era necessário, primeiro, que a planta dos pés estivesse em total e permanente contato com o chão; segundo, que os joelhos estivessem flexionados entre uma passada e outra. Exceto algumas poucas posturas, o kung fu é todo executado com a planta dos pés inteira no chão, justamente como garantia de maior estabilidade. Para chutar a peteca, o pé de apoio precisa estar firme no chão, ou a pessoa corre o risco de escorregar e, até, de cair. Mesmo as posturas de transição e os chutes são executadas com o pé de apoio fortemente fixado ao solo.

À medida que o tempo passava, eles se tornavam mais e mais receptivos às propostas das aula e mais abertos e habilidosos para exprimir suas argumentações.

Começaram, então, a aprender o tan tuei: um *kati*❧ básico, detalhadamente apresentado por Ma Zhenbang, em seu livro *Kung-fu wu shu: dez exercícios de projeção de pernas*[30]. A impressionante comparação entre a postura correta do livro e a postura que os alunos foram capazes de fazer parece demonstrar que é absolutamente possível que os ocidentais incorporem aspectos da cultura oriental. Pelo menos no microcosmo de nossas aulas, Oriente e Ocidente estavam comprovadamente integrados:

É possível ver, topograficamente, que os alunos conseguiam "imitar" muito bem as posturas e os movimentos do kung fu. Mas essa "imitação" não pode ser considerada como "cópia" ou "repetição" mecânica e alienada de um modelo. Wallon afirma que a apren-

---

❧ No Brasil, os praticantes de kung fu dão o nome de *kati* a essas formas ou seqüências de movimentos, enquanto os praticantes de caratê dão o nome de *kata*.

30. Zhenbang, Ma. *Kung-fu wu shu: dez exercícios de projeção de pernas.* São Paulo, Sampa, 1995.

dizagem dos movimentos imitados supõe conexões e um tipo de organização que se realiza num plano psicomotor elevado. Nessa aprendizagem, à qual o autor chama de "imitação inteligente", "não há transcrição, por mais mecânica que possa parecer, que não seja uma transposição mental, uma passagem perpétua do exemplo ao exemplar, por meio de esquemas em que o detalhe atual seja confrontado, incessantemente, com o todo"[31].

Alunos apresentam o movimento 32 do *kati*.

Figura 11 — Descrição topográfica do movimento 32, extraída de Zhenbang[32].

---

31. Wallon, Henri. *In*: Werebe, M. J. G. e Nadel-Brulfet, J. *Heri Wallon*. São Paulo, Ática, 1986, p. 105.
32. Zhenbang, Ma. *Kung-fu wu shu, op. cit.*, p. 44.

Alunos apresentam o movimento 37 do *kati*.

Figura 12 — Descrição topográfica do movimento 37, extraída de Zhenbang[33].

O kung fu é, sim, uma arte tradicional, que vem sendo "imitada" ao longo do tempo, passada de pai para filho, de geração para geração. Mas, no meu entender, a arte é recriada toda vez que uma pessoa imita qualquer um de seus movimentos — cada pessoa é "uma" pessoa, cada gesto é "um" gesto, cada movimento é "um" movimento... equilíbrio entre antigo e novo, tradição e inovação. Então, passada a fase da "imitação inteligente", a intenção, no kung fu, é que a pessoa atinja um automatismo tal que seus movimentos como um todo são transcendentes, alcançando o patamar da meditação em movimento, como explica Despeux:

---

33. Zhenbang, Ma. *Kung-fu wu shu, op. cit.*, p. 46.

Chegado a esse estádio, o exterior já não perturba o adepto, cuja energia espiritual está concentrada. Já não tem vontade de mover-se segundo um esquema definido, mas responde instantânea e espontaneamente às diferentes circunstâncias (...). O adepto perde a consciência do eu e do corpo, mas ainda está consciente, o que não acontece nos estados de transe. Encontra-se num estado que ultrapassa a dualidade consciência/não-consciência, pois foi realizada a união dos contrários: interior e exterior, movimento e repouso, eu e outro. (...) Quando nenhum pensamento se eleva no interior e não há obstáculos no exterior, a energia do indivíduo não tem limites, identifica-se com as forças do universo cujas leis segue (...). O praticante não executa por si mesmo os movimentos, deixa operar o Tao através de si[34].

Para atingir tal automatismo, é necessário perseverança, dedicação e muito, muito tempo. Como esta experiência teria a curta duração de um ano, dei mais importância para a compreensão dos movimentos do que para seu automatismo. Assim, paralelamente ao ensino dos *katis*, acontecia a investigação sobre a aplicação técnica dos mesmos.

Para criar uma seqüência de movimentos (*kati*), os mestres antigos imaginavam-se diante de um oponente, numa situação de confronto. Nos exercícios em parceria, os alunos tentavam descobrir qual seria a aplicação real dos *katis*, com o objetivo de compreenderem o significado de cada um dos seus movimentos. Praticar "com o outro" permitia a coevolução de toda a classe. A vantagem do treino em parceria é mais do que justificada por Capra, quando afirma que, desde a criação das primeiras células nucleadas, há mais de dois bilhões de anos, a vida tem prosseguido por meio de arranjos cada vez mais complexos. "A parceria — a tendência para formar associações, para estabelecer ligações, para viver dentro de outro organismo e para cooperar — é um dos 'certificados de qualidade' da vida"[35]. Dentro da sala de aula, Fazenda também fala da parceria, quando refere-se especificamente à interdisciplinaridade:

---

34. Despeux, Catherine. *Tai-chi chuan, op. cit.*, p. 73.
35. Capra, Fritjof. *A teia da vida: uma nova compreensão científica dos sistemas vivos, op. cit.*, p. 234.

A parceria (...) é categoria mestra dos trabalhos interdisciplinares. (...) A parceria configurou-se de forma tão marcante que sua expressão revestiu-se de múltiplos aspectos que, de tantos e tão complexos, tornam-se impossíveis de serem explicitados, a não ser por uma simplificação da linguagem, que poderia entre outras tantas ser traduzida como mania. Mania de quê? Mania de compartilhar falas, compartilhar espaços, compartilhar presenças. Mania de dividir e, no mesmo movimento, multiplicar, mania de subtrair para, no mesmo tempo, adicionar, que, em outras palavras seria separar para, ao mesmo tempo, juntar. Mania de ver no todo a parte ou o inverso — de ver na parte o todo.

Mania de ver a teoria na prática e a prática na teoria. Mania de ver possibilidade na utopia e utopia na possibilidade. Mania de tornar o uno em múltiplo e o múltiplo em uno e de tornar o anônimo em identidade e a identidade em novo anônimo[36].

A seguir, destaco algumas cenas comuns nas aulas de kung fu, que ilustram bem o que Fazenda chama de "mania de compartilhar":

Compartilhando idéias...   ... movimentos

---

36. Fazenda, Ivani. *Interdisciplinaridade: história, teoria e pesquisa*. Campinas, Papirus, 1994, p. 84.

... e a descoberta da aplicação de um *kati*.

Assim que eles começaram a aprender o *kati*, cerca de dez alunos, por iniciativa própria, começaram a se reunir nos finais de semana para treinar sozinhos☻. Iam numa área aberta de um condomínio residencial, onde morava um dos garotos, e lá ficavam, manhãs inteiras, praticando. Imediatamente, elaborei e entreguei à classe uma apostila, contendo os exercícios de aquecimento que fazíamos todas as aulas (vide anexo). Comprei, também, vinte exemplares do

---

☻ Felizmente, pude flagrar esses momentos espontâneos extra-escolares. Eles foram filmados e estão à disposição em meu arquivo particular de dados coletados durante a pesquisa.

livro *Kung-fu wu shu: Dez exercícios de projeção de pernas*[37], que apresenta toda a descrição topográfica desse *kati*, e os sorteei entre os alunos. O fato de tomarem a iniciativa de praticar sozinhos demonstrou, para mim, que eles haviam aprendido a aprender — sem dúvida, o objetivo mais ambicioso e irrenunciável da educação, que nos reporta à importância da "aquisição de estratégias cognitivas de exploração e de descobrimento, assim como de planejamento e de regulamentação da própria atividade"[38].

Essas atitudes dos alunos demonstravam uma forte vontade de buscar a autotranscendência, o auto-aprimoramento, subentendidos no motivo de realização. Como apresento em outro estudo[39]:

> O motivo para a realização desencadeia ações intencionais praticadas pelo próprio sujeito, que demonstram a competição com um padrão de excelência. Nessa "competição interna", o aluno pode medir seu desempenho de várias formas, como, por exemplo, através das notas obtidas em avaliações ou até mesmo pelas observações que ele próprio faz imediatamente após realizar uma tarefa, comparando-a com uma tarefa semelhante executada anteriormente.

Realmente, os alunos pareciam não agir por outro motivo senão o de dar vazão ao seu potencial máximo. Quando treinavam sozinhos, executavam várias vezes um movimento até que o mesmo se tornasse automatizado; depois de automatizado, aprimoravam os mínimos detalhes, confrontando o desempenho presente com o anterior; buscavam, no livro e na apostila, informações que os ajudassem a transpor as dificuldades que enfrentavam; adaptavam movimentos difíceis conforme suas capacidades; diante de uma tentativa fracassada, diminuíam o grau de dificuldade do exercício até lograrem executá-lo e, então, continuavam o processo de aprimoramento pessoal. Chuang Tzu (séc. III a. C.), um dos mais importantes filósofos da história da China, abordou esse assunto da seguinte maneira:

---

37. Zhenbang, Ma. *Kung-fu wu shu, op. cit.*

38. Salvador, César Coll. *Aprendizagem escolar e construção do conhecimento.* Porto Alegre, Artes Médicas, 1994, p. 129.

39. Lima, Luzia Mara S. "Motivação em sala de aula, a mola propulsora da aprendizagem". *In*: Fini, Lucila D. T.; Oliveira, Gislene C. e Sisto, Fermino F. (orgs.). *Estudos em psicologia educacional, op. cit.*

Quando um arqueiro atira sem alvo nem mira
Está com toda a sua habilidade.
Se atira para ganhar uma fivela de metal,
Já fica nervoso.
Se atira por um prêmio em ouro
Fica cego
Ou vê dois alvos —
Está louco!
Sua habilidade não mudou. Mas o prêmio
Cria nele divisões. Preocupa-se
Pensa mais em ganhar
Do que em atirar
E a necessidade de vencer
Esgota-lhe a força[40].

A "força" da maioria dos alunos parecia não se esgotar. Aproveitando o entusiasmo deles, convidei dois praticantes para ministrar palestras aos alunos. Um deles era campeão brasileiro e a outra era campeã internacional de kung fu (ambos jundiaienses). Dada a palestra, eles comandariam uma aula prática na quadra e, por último, fariam uma breve demonstração. Até aí, os alunos haviam sido avisados. O que eles não sabiam é que os "ilustres" palestrantes tinham, respectivamente, dez e onze anos de idade. Foi uma grande surpresa.

Ter aula de kung fu na escola era algo inusitado, mas ter aula de kung fu na escola, com praticantes mais novos que os próprios alunos, foi motivo de muita discussão, como se pode notar pela fala dos alunos:

— Eu achei que eles dois são que nem a gente, só que dão duro pra treinar, vão direto na academia, treinam em casa...

— E ouviram o que ela falou? O pai dela morreu no ano passado, ela mora longe, tem de pegar ônibus e andar um tantão a pé pra treinar... Por isso que eu acho, viu, que a gente só não é bom quando não quer. Eu, por exemplo, fico aí de bobeira, tiro nota baixa às vezes, mas é porque eu não estudo. Eu sei que é porque eu não quero. A maioria aqui estuda só pra passar de ano e mais nada.

---

40. Chuang Tzu, *apud* Merton, Thomas. *A via de Chuang Tzu*. Petrópolis, Vozes, 1969, p. 139.

Palestrante convidado (10 anos) ministrando as aulas da semana.

A vinda desses dois praticantes foi bastante importante, pois solidificou sobremaneira a dedicação daqueles que não estavam muito motivados.

Aproximando-se a chegada do inverno, víamos, da quadra, o sol se pôr e o vento, próprio da Serra do Japi, zumbia em nossos ouvidos. Apesar de o entusiasmo de muitos ter se acalmado, eu ainda contava com a participação da grande maioria, principalmente quando as aulas incluíam exercícios mais dinâmicos, como corridas com saltos e chutes.

Quando começaram a experienciar o bastão — arma mais tradicional do kung fu —, contei a eles a história da utilização do bastão na China, protagonizada por grandes mestres, habilidosos no manuseio desta arma. Assistimos também a alguns trechos de filmes com crianças, jovens, adultos e idosos apresentando-se com bastões. Como não tínhamos bastões de tamanho adequado — um bastão deve ter, no mínimo, vinte centímetros a mais que a altura do praticante —, adaptamos nossos instrumentos de treino: cada aluno praticava com metade de um cabo de vassoura. Na primeira fase, eles exploraram livremente os bastões. Executaram o maior número de movimentos que fossem capazes de criar e, depois, criaram movimentos em duplas, já direcionados para a aplicação marcial do bastão.

Seguindo a tradição da arte, assim como um cumprimentava o outro antes de iniciar exercícios, deveriam reverenciar também o bastão antes de manuseá-lo. O artista marcial respeita a arma que está utilizando, pois ela é uma extensão de seu próprio corpo, de seu próprio eu. Contam as lendas do kung fu que, antes de uma batalha, os guerreiros ficavam horas e horas polindo o metal de suas espadas, como forma de polir o próprio espírito para o combate. Segundo Habersetzer[41], a lâmina da espada deveria, como um espelho, refletir o caráter polido do ser humano — a polidez do caráter e a pureza das intenções mantêm o guerreiro em equilíbrio e o desvia de atitudes egoístas e vingativas, que levam a uma derrota interior, antes mesmo que a batalha aconteça.

No caso dos alunos, reverenciar a "arma" poderia levá-los a uma relação de respeito ao objeto. Logicamente, o respeito aos sujeitos deve preceder o respeito aos objetos, mas o primeiro não exclui nem diminui a importância do segundo. A partir do momento em que respeito um objeto (que me é "aparentemente" exterior), crio a possibilidade de generalizar este sentimento a todos os objetos que me rodeiam. Isso talvez me torne um pouco mais sensível às freqüentes destruições e depredações que, com *absurda* freqüência, encaramos com *absurda* naturalidade: carteiras escolares rabiscadas, muros pichados, telefones públicos quebrados, lixo jogado pelas ruas, rios poluídos, florestas cortadas, sítios arqueológicos destruídos.

Sempre que possível, eu filmava partes das aulas para que eles pudessem analisar seu próprio desempenho. Embora a reação deles diante da própria imagem no vídeo fosse aparentemente descontraída, na verdade, ficavam atentos aos seus movimentos e comportamentos também. Muitas vezes, espantavam-se com as cenas que viam, seja porque haviam executado uma tarefa melhor do que imaginavam, ou porque, no fundo da imagem principal, apareciam aqueles que "bagunçavam a aula", enquanto os colegas tentavam aprender. Autocríticos e auto-aprendentes, nas aulas que se seguiam, o comportamento deles era diferente: participavam mais das discussões em grupo, participavam das atividades com maior atenção, e alguns até aprimoravam a maneira de executar os exercícios.

---

41. Habersetzer, R. *Kung fu originel: l'épopée de la main de fer*. Paris, Amphora, 1985.

Para avaliar os resultados parciais do trabalho, propus à classe uma dinâmica de grupo simples, mas muito proveitosa. Divididos em dois times e sentados em fileiras dispostas frente à frente, um grupo deveria argumentar a favor e o outro contra o kung fu. Para compor este último time, foram chamados os alunos que geralmente não participavam das aulas. Antes de iniciar o debate, cada time contou com dez minutos para levantar os argumentos que seriam utilizados. Apesar da desordem generalizada e da gritaria, tamanha era a empolgação deles, consegui anotar algumas exposições:

— Kung fu não serve pra nada! Só serve pra doer o corpo e nada mais.

— A gente mexe o corpo todo, não fica nem um fio de cabelo sem exercício.

— A gente não entende por que é que tem que ficar respirando que nem besta.

— O corpo fica mais relaxado, ajuda a gente a pensar melhor antes de fazer besteira.

— O kung fu faz a gente pensar. Não trabalha só com o corpo, trabalha com a cabeça e com o coração também.

Durante a dinâmica, percebi um certo desconforto daqueles que estavam atacando o kung fu. Então questionei:

— E aí, pessoal. Como é que vocês se sentiram nesta atividade? Como é que foi, para vocês, atacar o kung fu? E para os outros, como é que foi defender?

— Defender é fácil. Moleza. Mais fácil que atacar, porque não tem o que falar do kung fu. Tudo o que o grupo de lá falava contra, a gente rebatia fácil, fácil!

— Olha, psôra, eu não participo das aulas, a senhora sabe. Mas eu não tenho o que falar. Eu não gostei muito de ficar no grupo do ataque, porque eu não faço a mínima idéia do que falar contra o kung fu. Eu até acho que ajuda mais que futebol, que vôlei, porque lá a gente não pensa em nada e o bicho corre solto.

— Como assim?

— Ah, não tem essa de um ajudar o outro, não. Errou, é orelhada que leva. Agora... você é legal, suas aulas são legais, mas eu não levo jeito. Eu não gosto do kung fu e acho que nunca vou gostar. E depois, acho que, porque eu não participei desde o começo, agora é mais difícil começar e pegar o bonde andando. Sei lá. Quem sabe se eu tivesse participado desde o começo...

— Olha, R., eu respeito você. Ninguém é obrigado a gostar do kung fu. A gente não tem jeito pra tudo mesmo. Nós já jogamos futebol no campinho e você viu que eu sou a maior "perna-de-pau". Alguns se dão bem numas coisas, outros se dão bem em outras... É assim mesmo. O importante é que você seja sincero com você mesmo. Se você não gosta e não quer participar das aulas, prefere ficar só assistindo, tudo bem. É um direito seu que eu respeito, porque no começo do ano combinamos que ninguém seria obrigado a participar. Agora, você precisa pensar bem. Nunca é tarde pra começar. O pior é se o ano passar e você se arrepender, depois, de não ter dado pra você mesmo a chance de tentar. Cuidado com isso! Mas... se você tem certeza, melhor assim.

— Não sei bem. Não tenho tanta certeza assim. Mas tenho certeza de que eu não gosto de ficar fazendo aqueles *katis*. Sabe, psôra, aquilo pra mim parece dança. Eu tenho vergonha de fazer coisas diferentes na frente do pessoal. Mas, quando é aula de salto, de chute, daí eu até gosto. Gosto de ficar conversando junto com todo mundo depois da aula também.

— Vocês estão prestando atenção na conversa, pessoal? Vocês estão ouvindo o que o R. está dizendo pra mim? Ele está falando pra mim — que sou professora de kung fu — que ele não gosta de kung fu, não é isso mesmo, R.?

— É sim, psôra.

— Então. Acontece que o R. está dizendo com sinceridade a opinião dele, sem ser mal-educado, agressivo, sem me desrespeitar nem me magoar. É isso que é importante que aconteça. As pessoas podem ser diferentes. Ou melhor, as pessoas são diferentes. E é justamente porque são diferentes que podemos aprender com elas. Se o R. fosse igual a mim, com certeza, eu não iria aprender a jogar futebol com ele, como aconteceu na semana passada!

Esta conversa continuou por um longo tempo e implicou um importante momento de reflexão e de avaliação para todos nós.

A sinceridade e o respeito com que os posicionamentos foram colocados comprovou que é possível um encontro entre disciplina e afetividade, tradição e inovação, *Yin* e *Yang*. Realmente, éramos uma só teia.

Terminada a atividade de avaliação, fizemos uma verdadeira "festa chino-brasileira", para comemorar o encerramento de um semestre bastante proveitoso.

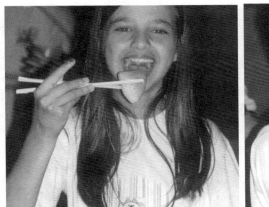

Na festa do final do semestre, todos levaram para casa um par de "Quai Ts" (palitos chineses).

Pirâmides humanas. Sem dúvida, o aspecto do kung fu que eles mais gostaram. Para garantir a segurança dos alunos sem tirar-lhes a espontaneidade, apenas demonstrei algumas técnicas de formação de pirâmides. Assim, os volantes (aqueles que ficam em cima) teriam mais firmeza e dificilmente machucariam aqueles que estivessem compondo as bases. Conforme combinamos, uma pirâmide nunca era formada sem que um ou dois alunos ficassem por perto, atentos, servindo de apoio extra caso algum imprevisto ocorresse. Adquiridas essas habilidades básicas, eles próprios teriam de decidir a forma das pirâmides. Eu apenas interferia na formação dos grupos quando percebia algum aluno demonstrando interesse em participar, mas não tomando a iniciativa de se aproximar. Nesses casos, eu encontrava espaços na pirâmide já montada, alertava seus componentes da necessidade de colocar mais uma pessoa naquele lugar e deixava que eles mesmos convidassem o colega.

No planejamento... e na realização...

sempre há lugar para mais um... porque "estar junto"...

... é uma diversão!

Tanto quanto os ideogramas traduzem idéias, também as fotos, apresentadas a seguir, traduzem o processo melhor do que minhas palavras poderiam descrever.

As pirâmides humanas representam a própria corporificação das idéias que permeiam este livro. Sem bases fortes, os volantes não se estabilizam; se um único componente se desequilibra, todos podem cair; se um não se esforça, todos falham. O uno é a própria pirâmide. Construí-la é transcender — atingir o Tao. E, se quisermos saber qual é a *sensação da transcendência ou do Tao*, basta voltarmos os olhos para os rostos estampados nas fotos anteriores. Nas reflexões sobre as aulas, embora com palavras simples, constantemente os alunos falavam de conceitos como interdependência, cooperação, parceria, fluxo contínuo, transcendência...

Estando os alunos bastante habituados aos estilos externos, aos relaxamentos e às práticas em duplas e grupos, comecei a ensinar-lhes alguns exercícios de *t'ai chi chuan* — estilo interno de kung fu. Como uma das características básicas do *t'ai chi* é a lentidão dos movimentos, pedi-lhes que simulassem uma corrida, em câmera lenta, indo de um lado ao outro da quadra. Nos primeiros momentos, eles ficavam muito agitados. Riam sem parar, não conseguiam manter-se equilibrados, alguns chegaram a simular uma queda, rolando no chão. Pedi, então, que fizessem o mesmo percurso, procurando levar o dobro do tempo gasto na primeira vez. Continuei assim, sucessivamente, até que ficassem um pouco mais calmos, mas era muito difícil. Estamos acostumados a falar da vida estressante dos adultos, mas temos que nos lembrar que momentos de relaxamento são raríssimos também na vida de nossos alunos. A ansiedade gerada por esse "estilo de vida" tem conseqüências desastrosas para o processo de aprendizagem. "Julgando com base na atividade das ondas cerebrais", afirma Wilber, "a ansiedade assemelha-se à estática — um estado ruidoso, arrítmico"[42]. Por isso, há que se investir seriamente nos métodos de ensino que visam "promover nos estudantes estados harmoniosos, relaxados, por meio de técnicas de concentração ou meditação, *biofeedback,* ou combinações de música e exercícios

---

42. Wilber, Ken (org.). *O paradigma holográfico e outros paradoxos: explorando o flanco dianteiro da ciência*. São Paulo, Cultrix, 1994, p. 15.

de respiração como as utilizadas pela sugestologia"[43]. O t'ai chi chuan é um desses métodos. É uma estratégia de auto-observação por meio de movimentos encadeados, que fluem naturalmente, a partir do momento em que se consegue superar as dificuldades iniciais da prática. Tais dificuldades, explica Despeux, ocorrem principalmente porque o ocidental "não compreende que o mais importante não é o resultado, mas o gesto em si mesmo, a atenção que lhe confere. Essa atenção não deve ser um esforço, mas uma abertura para uma percepção diferente das coisas"[44]. De maneira sutil e eficaz, essa arte leva ao aprimoramento da percepção humana.

Na educação, desenvolver e aprimorar a percepção é um fator de importância incontestável. O ser humano está continuamente processando informações, a fim de aprender ou desempenhar com sucesso qualquer atividade. "O primeiro passo mais crítico neste processo é a detecção da informação disponível para o indivíduo"[45] — detecção esta que depende, necessariamente, da integração sensorial, motora, psíquica e afetiva. Assim, a aprendizagem será mais bem-sucedida, quanto melhor for a habilidade de o aprendiz detectar e processar informações próprias e exteroceptivas, tomando consciência dessas suas percepções. Uma função do t'ai chi chuan é justamente chamar a atenção para essa tomada. Ao coordenar, lentamente, movimentos, respiração e concentração na ação em si, o praticante percebe todo o processo de enrijecimento muscular e relaxamento presentes no movimento, a adaptação postural necessária para seu equilíbrio, a influência da respiração no deslocamento corporal...

Uma maneira que encontrei para lhes ensinar o t'ai chi foi pedir-lhes para executar o kati — que, no estilo externo de kung fu, é executado em alta velocidade — o mais lentamente possível. Deveriam sentir o ar passando pelos braços, pelas pernas, pelo corpo todo, como se estivessem dentro da água. Deveriam tocar o ar, sentir o ar, empurrar, puxar, deslocar o ar enquanto se movimentassem. Depois, em duplas, deveriam manter as mãos próximas, tentando sentir a

---

43. Wilber, Ken (org.). *O paradigma holográfico...*, p. 15.

44. Despeux, Catherine. *Tai-chi chuan: arte marcial, técnica da longa vida*, op. cit., p. 125.

45. Magill, Richard A. *Aprendizagem motora: conceitos e aplicações*. São Paulo, Edgard Blücher, 1986, p. 54.

presença da mão do outro, afastando e aproximando as mãos, sem que se tocassem. O objetivo era que percebessem a existência de outros tipos de sentidos, além dos que nos são dados pelo tato, olfato, paladar, audição e visão.

Exercícios de t'ai chi.

Detalhe das mãos.

A expressão do rosto deles era de espanto — muito espanto —, como a expressão de quem vê, pela primeira vez, uma estrela cadente ou um passe de mágica. A experiência foi tão marcante que, constantemente, eu os via ensinando alguns desses exercícios aos colegas de outras classes. Sob meu entendimento, estavam espantados com a descoberta do próprio *ch'i*.

Despeux descreve este fenômeno ao apresentar as cinco "forças" desenvolvidas por um praticante de t'ai chi, que geram nele uma sensibilidade muito aguçada, fora do comum. A primeira dessas forças relaciona-se com a sensibilidade das mãos, dos braços e depois do corpo todo e de toda a pele. O calor que aparece por ocasião dessa tomada de consciência do corpo, explica a autora[46]:

...significa que os trajetos do sopro estão se desbloqueando no interior do corpo. Os mestres consideram o fenômeno a manifestação tangível da força interior denominada "força que adere" (*chan tie jing*). Desenvolvida e apurada por ocasião dos exercícios a dois, essa força apresenta analogias com o que chamamos, no Ocidente, o "magnetismo" do indivíduo.

A segunda, é a "força que escuta". Implica a percepção não apenas do próprio corpo, mas também do outro e do espaço em que nos movimentamos, "até sentirmos o ar como se fosse água: o menor deslocamento do ar torna-se perceptível"[47]. Por meio dessa força, o praticante é capaz de "escutar" (perceber e prever) qualquer movimento externo, mesmo antes de o mesmo ter se manifestado. A "força que compreende" advém do profundo conhecimento do outro, sabendo em que direção e com que intensidade ele a emitirá. A quarta é a "força que evita", por meio da qual o "corpo inteiro, sensibilizado para a ação, adquire automaticamente os reflexos que lhe permitem pressentir e evitar o perigo"[48]. Por fim, Despeux apresenta a "força que transforma"[49]:

Nessa etapa, o papel do adepto torna-se mais ativo. Não nos contentamos com evitar, mas nos esforçamos por transformar o desenrolar dos acontecimentos, ou melhor, por utilizar o ataque do adversário voltando-o contra ele, ou então por deixar-lhe a força cair no vazio e anular-lhe assim o efeito, ou ainda por mudar a direção dessa força e utilizá-la em nosso proveito.

Realmente, o t'ai chi permite uma tomada de consciência das informações proprioceptivas, faz com que a percepção do mundo se

---

46. Despeux, Catherine. *Tai-chi chuan...*, *op. cit.*, p. 84.
47. *Idem, ibidem*, p. 84.
48. *Idem, ibidem*, p. 85.
49. *Idem, ibidem*, p. 84.

torne mais apurada e, com a evolução dos treinamentos em duplas, gera harmonia e cooperação entre os praticantes.

Pude notar isso, principalmente, em relação à harmonia que, de forma gradativa, tomou conta da classe. Os alunos tinham comportamentos de cumplicidade, observáveis no dia-a-dia da escola. Nas discussões, nos encerramentos das aulas, procuravam mais ajudar os colegas a expor suas idéias do que combatê-las ou criticá-las. Quando algum aluno tentava expor seu ponto de vista, os colegas não mais zombavam nem impunham suas opiniões; eles procuravam ajudar o amigo a se expressar melhor. Quando tinham opiniões contrárias sobre determinado assunto, conversavam sem alterar o tom da voz e esclareciam suas idéias, até que os colegas concordassem, ou assumissem, realmente, opiniões diferentes. Dessa forma, agiam conforme toda a filosofia da arte marcial. Posicionamentos *Yin* e *Yang* se complementavam para construir uma nova visão de mundo. Quando um aluno agia de forma exageradamente *Yang*, os colegas mantinham-se *Yin* até que o amigo encontrasse equilíbrio. Quando outro se mostrava muito *Yin*, os amigos mais *Yang* aproximavam-se para contrabalançar.

Alguns professores ficaram curiosos com o meu trabalho. Segundo eles, a classe havia se tornado mais calma, cooperativa: "5ª C: quem te viu, quem te vê!", brincavam. Pediram que eu lhes desse algumas "aulas particulares". Foi o que fiz. Separei algumas quintas-feiras para nos reunirmos, durante os escassos dez minutos de intervalo. Desta experiência inicial, veio a proposta da direção: às sextas-feiras, durante o recreio, prática aberta aos professores, alunos e funcionários. Um dos pátios internos foi destinado exclusivamente para a atividade, com aparelhagem de som e, o principal, trinta minutos de intervalo naqueles dias, como mostra a foto a seguir.

No final do ano, haveria uma festa que contaria com a presença dos alunos, professores e funcionários da escola. Aproveitando a oportunidade, agendamos uma apresentação de kung fu. Toda a classe se comprometeu com a apresentação, tanto para ajudar em sua elaboração como para fazer a demonstração propriamente dita, diante do público. Treinaram fora dos horários de aula, na quadra da escola, nas ruas do bairro e na casa dos colegas. Quando tudo estava resolvido, foram à minha casa para imprimir, com letras garrafais, o provérbio que decidiram mostrar na hora do encerramento.

Alunos, professoras, funcionários e direção unem-se para fazer exercícios de t'ai chi.

Pelo menos uma vez ao mês eles iam à minha casa, para ver fotos da China, tirar alguma dúvida sobre o kung fu ou simplesmente para dizer "olá". Em grupos de três ou quatro, eles freqüentemente "apareciam". Com a montagem da apresentação, essa freqüência aumentou de forma considerável. Passavam pela minha casa, em média, três vezes por semana. Talvez um dos fatores que tenha contribuído para essa dedicação seja a confiança que depositei neles desde que o ano começou. "Tenho certeza de que vocês vão conseguir"; "acho que vocês conseguem fazer sozinhos, mas, se precisarem da minha ajuda, estou aqui"; "vocês já sabem muitas coisas do kung fu; agora é só melhorar". Desde o começo, eu os incentivava claramente, mas apontava também as suas falhas, procurando deixar claro que as dificuldades das tarefas ou das situações eram transitórias:

— Não tem importância. Assim está muito bom. Lembram-se como era quando vocês começaram a fazer isso? Então. Vocês têm de ver que melhorou demais — mais até do que se pode esperar. Afinal de contas, vocês não treinam kung fu todo dia, não é mesmo? Eu também acho que assim ainda não está bom, porque vocês podem fazer melhor. Mas, vão com calma: "Uma jornada de mil léguas começa com um passo", lembram-se?

— Ô, tchurminha, vocês estão impossíveis hoje. Desse jeito não vamos conseguir desenvolver nada. Na semana passada saiu tudo jóia e a gente conseguiu aprender um monte de coisas. O que é que aconteceu hoje, hein? Viram algum passarinho verde, é? Vocês não são assim! Por que é que vocês estão assim? O próximo que fizer bagunça eu vou levar pra casa e pôr na sopa pra fazer a minha janta, combinado?

Brincando e usando o bom humor para lidar com situações que, geralmente, são consideradas tensas — por exemplo, diante da dificuldade de os alunos serem disciplinados, atentos, organizados, estudiosos, persistentes, respeitadores e assim por diante —, conquistei a fidelidade deles no processo de aprendizagem do kung fu. As situações conflituosas não eram combatidas, como se os alunos fossem meus adversários, "ameaçadores inimigos" (*Yang* versus *Yang*). Eram encaradas com seriedade, sim, mas também com alegria. Isso traz leveza para as situações difíceis, torna o ambiente relaxado, tranqüilo e, justamente por isso, permite uma solução mais adequada para o problema. Apostando no sucesso dos alunos e na permanente mutação, inverte-se a maneira negativa como são tratados os obstáculos. Zelam, estudando casos de crianças e jovens que, deliberadamente, decidem não saber, aponta[50]:

> *...não pode haver regra melhor para o trabalho com jovens que se recusam a aprender do que seus psicoterapeutas ou professores demonstrarem que eles podem superar os impedimentos à aprendizagem,* que eles próprios criam. (...)
> Se ele opera mudanças na escola, é porque percebe seus professores como pessoas que o ajudam e merecedoras de confiança, ao invés de vê-los como céticos ou opositores. Ou então ele muda, porque seus professores percebem-no como cooperativo e confiável. (Grifo meu.)

---

50. Zelam, Karen. *Os riscos do saber: obstáculos do desenvolvimento à aprendizagem escolar.* Porto Alegre, Artes Médicas, 1993, p. 322.

Deliberadamente, aqueles alunos decidiram aprender.

Reflexões durante o planejamento da apresentação.

Flagrante de um treino fora da escola.

Meninas apresentando o "Tan Tuei" (*kati*).

Após a apresentação com bastão, a aluna cumprimenta o público.

Para finalizar a apresentação, uma única pirâmide formada por 19 dos 38 alunos.

Após a apresentação, os alunos foram muito elogiados por todos. Até a postura corporal da turma estava diferente, refletindo, de forma clara, a elevação de sua auto-estima: a cabeça mais erguida, a coluna ereta, os olhares mais alegres. Para exibir durante a apresentação, haviam preparado uma "placa" (no verso de uma bandeja de papelão), com o provérbio chinês: "QUEM QUER REALMENTE, FAZ". Com a autorização da diretora, afixaram a placa numa das paredes mais visíveis da escola. "Assim", diziam eles, "qualquer um que passar vai poder ver a placa da 5ª C".

Pude perceber, diante dessas atitudes, que os alunos estavam felizes em poder mostrar (ou provar!) às pessoas que eles possuem qualidades, que são capazes de empreender algo positivo, pró-social, "pró-educacional", desde que lhes seja dada oportunidade.

No último dia de aula, quando entrei na classe, uma mensagem estava escrita na lousa. Mais do que qualquer consideração ou análise científica que eu venha a fazer dos resultados dessa experiência, creio, ou melhor, tenho certeza, de que essa simples frase expressa, da maneira mais fidedigna possível, o "estado de espírito" que, juntos, alcançamos:

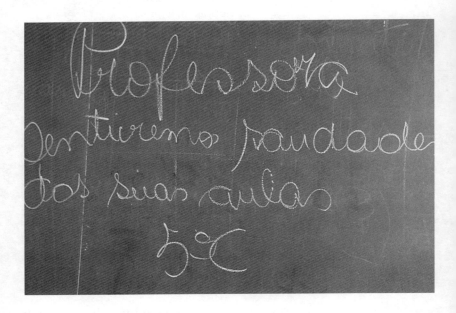

ALGUMAS CONCLUSÕES

Para cumprir com a exigência necessária de uma pesquisa científica, tabulei os dados coletados no decorrer das aulas; entrevistei os alunos antes e depois da experiência, comparando suas respostas com as dos que não foram meus alunos (grupos de controle: 5ª B e 5ª D), e comparei o rendimento escolar entre os grupos (notas referentes à média final de ano). Esses dados, em gráficos e tabelas, com uma descrição da metodologia e dos resultados alcançados, foram publicados na revista *Argumento*, das Faculdades Padre Anchieta[51] de Jundiaí. Neste livro, portanto, me deterei a fazer apenas algumas considerações.

1) Quanto ao rendimento escolar, *a 5ª C (grupo experimental) obteve um desempenho ligeiramente melhor que as outras duas turmas*. Embora a diferença não tenha sido grande, a 5ª C havia sido apontada como "a pior classe de 5ª série". Isto significa que *o resultado final daqueles alunos, com certeza, foi superior ao que era esperado no início do ano letivo*.

2) Quanto à pergunta: "O que significa, para você, uma atividade física?", enquanto os grupos de controle mantiveram suas respostas em categorias relativamente estáveis, as respostas do grupo experimental, no final do ano, estavam ligadas, em primeiro lugar, ao bem-estar pessoal ("significa poder me

---

51. Lima, Luzia Mara Silva. "Caminhando para uma nova(?) consciência: uma experiência de introdução da Arte Marcial na Educação — relato de experiência". *Argumento*, Revista das Faculdades de Educação, Ciências e Letras e Psicologia "Padre Anchieta" de Jundiaí, ano 2, nº 2, set./99.

conhecer melhor", "significa fazer uma coisa que me faça bem, por dentro"); depois, à melhoria das capacidades intelectuais ("depois que eu treino alguma coisa, parece que tudo o que eu estudo fica mais na minha cabeça"); em terceiro lugar, à oportunidade de aprimorar o relacionamento interpessoal ("significa uma oportunidade de conhecer mais gente", "fazer mais amigos").

3) À pergunta: "Você faz alguma atividade física?", o grupo experimental passou a responder, dentre as atividades físicas que faz/pratica, trabalhos manuais, artes em geral (inclusive marcial), atividade intelectual e, o mais interessante, para alguns, fazer uma atividade física estava ligado à socialização e ao bem-estar emocional.

4) Na última pergunta feita aos três grupos: "Você se cuida? Como?", os grupos experimental e de controle I (5ª B) diminuíram a quantidade de respostas negativas ("não me cuido"). No grupo experimental, quatro novas categorias aparecem: "saúde emocional" ("procuro ficar calmo, sempre"), "artes plásticas e marciais" ("pinto quadros", "faço capoeira"), "socialização" ("procuro fazer amigos") e "disciplina" ("tento ter mais disciplina nas coisas que faço para não perder muito tempo e errar menos").

Da análise dessas três perguntas, nota-se que o perfil das respostas dadas pelos alunos que não tiveram aulas de kung fu manteve-se estável. Já o grupo experimental apresentou um aumento no número de categorias de respostas dadas. Isto posto, o perfil de respostas da 5ª C foi o que mais sofreu alterações, ampliando a gama de alternativas com as quais os alunos relacionavam as atividades físicas. Em outras palavras, *os alunos da 5ª C passaram a ver, no ser humano, um pouco mais de integração motora, afetiva, cognitiva e social, caminhando para uma consciência mais ecológica, holística, sistêmica.*

Afirmar que o kung fu tenha sido o único fator determinante do bom aproveitamento do grupo nas disciplinas, ou que tenha sido o único motivo da tomada de consciência dos alunos, seria um grande reducionismo e uma pretensão ainda maior. Mas, considerando que somos todos sistemas encaixados dentro de sistemas, numa teia de relações interdependentes, é possível concluir que o kung fu foi, sim, um importante fio dessa intrincada rede.

5) Antes de iniciar a pesquisa, eu trazia comigo algumas intenções com a aplicação do kung fu na educação. Essas intenções foram confirmadas estatisticamente pelas respostas dadas à pergunta: "Como foi, para você, o kung fu?". Eu tinha a intenção de, por meio do kung fu e sua filosofia, modificar as situações educacionais, de tal forma que aqueles alunos vissem nos colegas de classe e nos seres humanos pessoas que dependem de outras, sempre (97% das respostas estavam ligadas à "socialização"); que percebessem que o bem-estar social e planetário depende, em grande parte, do bem-estar pessoal ("saúde emocional" contou com 87% das ocorrências); tinha a intenção de que eles investissem na autodisciplina como instrumento para atingir seus ideais (categoria "disciplina": 76%) e queria, logicamente, que se sentissem motivados a aprender (58% das respostas diziam respeito à "atividade intelectual"); enfim, minha intenção era a de que eles considerassem que os domínios afetivo, cognitivo e motor são, na verdade, coevolutivos e interdependentes. As respostas demonstraram que eles internalizaram não só a prática, os movimentos, mas, também, a filosofia do kung fu. Prova disso é o fato de que, no início do ano, 79% dos alunos esperavam que o kung fu os ensinasse a se defender; no final do ano, essa porcentagem caiu para 24%.

Em resumo, a aplicação marcial da arte, muito incentivada no senso comum, teve valor secundário para os alunos no final de um ano de prática. Mais do que atacar e/ou defender, o kung fu proporcionou, para aquelas pessoas, uma nova percepção de sua relação com o mundo.

MAIS UM PONTO DE MUTAÇÃO

Não há limites fixos,
O tempo não permanece imóvel.
Nada dura,
Nada é final.
Você não pode segurar
O fim ou o princípio.
O sábio vê o próximo e o distante
Como se fossem idênticos,
Ele não despreza o pequeno
Nem valoriza o grande:
Onde todos os padrões diferem,
Como poderá você comparar?
Com um olhar
Ele se apodera do passado e do presente
Sem tristeza pelo passado
Nem impaciência pelo presente.
Tudo está em movimento.
Tem experiência
Da plenitude e do vazio.
Não se rejubila no sucesso
Nem lamenta o insucesso.
O jogo nunca está terminado.
O nascimento e a morte são iguais.
Os termos nunca são finais.

Chuang Tzu

É impossível concluir um estudo que trata de seres humanos, de valores, de tomada de consciência, de fluxos universais, de movimento da transcendência. Mas é possível identificar que *chegou o momento de mais um ponto de mutação, mais um movimento cíclico, mais uma passagem para outro começo.* Estar vivo é recomeçar, sempre. E não é começar "de" novo, mas começar "o" novo, uma vez mais. O desapego aos antigos conceitos nos permite vislumbrar um universo bem maior à nossa frente.

Eu tinha um conceito formado antes de começar esta pesquisa: "Arte marcial na educação?!!! Loucura! Não vão aceitar jamais!". Entrei em crise. Quando assumi enfrentar o desafio, definitivamente, enxurradas de "acasos" verteram de todas as partes, confirmando que eu estava no caminho: uma obra importante que, "por acaso", caiu às minhas mãos; a opinião de uma professora que encontrei "por acaso"; um recorte de jornal que, "por acaso", estava sobre a minha mesa; uma palestra de um mestre do *Tao* que se mudou para o Brasil, "por acaso"; um bate-papo com o próprio professor Manuel Sérgio, de Portugal, que, "por acaso", estava na Unicamp. Einstein, com imensa sabedoria, colocou muito bem a sua opinião sobre "os acasos":

Deus não joga dados com o universo.

Ainda assustada com os "dados jogados", algumas palavras escritas por Capra[52] me serviram de conforto:

Muitos físicos, criados, como eu, numa tradição que associa misticismo a coisas vagas, misteriosas e altamente não-científicas, ficaram chocados ao ver suas idéias comparadas às dos místicos. Essa atitude, felizmente, está mudando. Como o pensamento oriental começou a interessar a um número significativo de pessoas, e como a meditação deixou de ser vista como ridícula ou suspeita, o misticismo está sendo encarado seriamente, mesmo no seio da comunidade científica. *Um número crescente de cientistas está consciente de que o pensamento místico fornece um coerente e importante* background *filosófico para as teorias da ciência contemporânea, uma concepção do mundo em que todas as descobertas científicas de homens e mulheres podem estar em perfeita harmonia com seus desígnios espirituais e crenças religiosas.* (Grifo meu.)

Não, não era loucura minha. Era resistência à idéia de seguir meus desígnios e de propor algo inédito, rompendo com uma tradição que não só associa misticismo a coisas não-científicas, como tam-

---

52. Capra, Fritjof. *O ponto de mutação, op. cit.,* p. 73.

bém associa artes marciais com práticas estritamente corporais, que estimulam a violência ou, no mínimo, que ensinam a pessoa a sair-se bem numa luta, e nada mais. Seguir o caminho, ou melhor, seguir o *Tao*, resultou numa experiência ímpar, que jamais poderá ser descrita por completo.

Considerando que o ser humano está em eterno aprendizado, que ele se move para ser mais, buscando o mais, no movimento da transcendência, compreende-se por que toda experiência é positiva: porque em todas elas (fracassadas ou bem-sucedidas) aprendemos. Em termos ocidentais, eu diria que os resultados desta pesquisa atingiram as expectativas iniciais, como foi descrito e demonstrado — pelos dados coletados sob os ditames de um experimento científico. Em termos orientais, o estudo foi mais um processo que cumpriu seu ciclo. Como todo processo, encontrou barreiras, limites e deixou caminhos abertos para um leque de possibilidades de aplicação do kung fu na realidade educacional brasileira.

Dentre as barreiras, aponto a dificuldade de romper com um paradigma encontrado com freqüência nas escolas brasileiras. Trata-se de uma espécie de contrato firmado entre professores e alunos, havendo o consenso de que "as aulas de educação física são livres". Isto não significa que sejam aulas em que exista a liberdade de expressão ou de manifestação, mas que são aulas nas quais o professor não é o mediador do processo de construção do conhecimento. Ele se isenta dessa tarefa, e a escola, naquele momento, vira um clube: o professor vai até a "saleta da educação física", pega duas bolas (geralmente uma de vôlei e outra de futebol), entrega-as para os alunos decidirem o que vão fazer com elas e, "para dar um pouco de liberdade", aquele aluno que quiser, participa, o que não quiser, não participa. Agora, imaginem que, para dar aula a essa turma de alunos (acostumados com "essa" educação física), venha um professor que pretende "ensinar algo", por exemplo, kung fu, que implica respeito, valores, disciplina, conscientização, filosofia oriental, relaxamento, momentos de reflexão... Imaginaram?

Essa dificuldade tem sido encontrada por muitos cientistas da motricidade humana, quando colocam em prática suas propostas. Além dessa, há várias outras barreiras, dentre elas, duas muito importantes: o preconceito das pessoas contra as artes marciais (por associá-las à violência ou desconhecê-las) e o marasmo daqueles que não lutam para melhorar a educação. Mas a intenção deste trabalho não é alertar as pessoas para as barreiras que encontrarão, e, sim, estimulá-las a transpor todos os limites, desde que o objetivo maior seja a harmonia universal (o que, geralmente, chamamos de "paz").

Quanto à introdução da arte marcial na educação, os *limites* são, na verdade, a outra face das *possibilidades* de concretização desta proposta. A diferença é que, "enquanto alguns preferem enxergar meio copo vazio, outros enxergam meio copo cheio". *É mais cômodo nos determos nos limites (meio copo vazio), do que encarar as possibilidades (meio copo cheio).*

DUAS MANEIRAS DE SE ENCARAR UMA PROPOSTA DE INTRODUÇÃO DA ARTE MARCIAL NA EDUCAÇÃO	
ENXERGANDO OS LIMITES	VISLUMBRANDO AS POSSIBILIDADES
Não há muitos profissionais da educação motora com formação em artes marciais.	É preciso que os profissionais da educação motora tenham formação em artes marciais.
Não há muitos profissionais das artes marciais com formação em educação motora.	É preciso que profissionais das artes marciais tenham formação em educação motora.
Não há muitas pesquisas sobre artes marciais adaptadas a pessoas portadoras de deficiências.	É preciso desenvolver pesquisas sobre artes marciais adaptadas a pessoas portadoras de deficiências.
Não há propostas de utilização das artes marciais na psicopedagogia, como auxiliar no atendimento de grupos de alunos com dificuldades de aprendizagem.	Urgem propostas de utilização das artes marciais na psicopedagogia, como auxiliar no atendimento de grupos de alunos com dificuldades de aprendizagem.
Poucas experiências foram feitas sobre as artes marciais nos cursos de formação de professores.	Muitas experiências precisam ser feitas sobre as artes marciais nos cursos de formação de professores.
Não há trabalhos suficientes sobre as contribuições das artes marciais para o desenvolvimento da capacidade de concentração dos alunos com déficit de atenção.	Inúmeros trabalhos devem ser feitos sobre as contribuições das artes marciais para o desenvolvimento da capacidade de concentração dos alunos com déficit de atenção.

DUAS MANEIRAS DE SE ENCARAR UMA PROPOSTA DE INTRODUÇÃO DA ARTE MARCIAL NA EDUCAÇÃO	
ENXERGANDO OS LIMITES	VISLUMBRANDO AS POSSIBILIDADES
São pouquíssimas as propostas de metodologia de ensino das artes marciais direcionada para o público ocidental.	Devem ser estimuladas as propostas de metodologia de ensino das artes marciais direcionada para o público ocidental.
São irrelevantes, para o Brasil, os estudos sobre artes marciais de tradição oriental, porque nossa cultura é ocidental.	São relevantes, para o Brasil, os estudos sobre artes marciais de tradição oriental, justamente porque nossa cultura é ocidental.
São restritas as possibilidades de introdução da arte marcial na educação, porque faltam pesquisas científicas nesse sentido.	São imensas as possibilidades de introdução da arte marcial na educação, porque precisamos de mais pesquisas científicas nesse sentido.

Ao dizer "artes marciais", estou me referindo a todos os tipos, linhas, origens e tradições de artes marciais existentes: judô, caratê, aikidô, kempô, capoeira©, assim como às práticas meditativas e de cura, como ioga, chi kung, shiatsu, do-in... enfim, todas aquelas que se dedicam à busca de um aprimoramento interior, de uma harmonia social e de uma unicidade "ser humano-universo".

Depois que encerrei o ano de 1996, passei a visualizar inúmeras possibilidades, e mais ainda quando entrei na fase final da pesquisa, com a descrição do experimento e a análise dos gráficos de resultados. Entretanto, ainda não me sentia confortável diante daquilo que os dados mostravam. Eram positivos demais, ou era só o meu nível de autocrítica que estava acima do nível de auto-estima? Notas boas... respostas "certinhas"... As falas dos alunos, nas entrevistas de pós-teste, ainda me incomodavam. Teriam eles respondido aquilo que eu gostaria de ouvir? A estratégia que utilizei, tentando não influenciar suas respostas, teria efetivamente dado resultado? Se o kung fu foi realmente significativo para aqueles alunos, a ponto de

---

© À guisa de curiosidade, os chineses chamam a capoeira de "Pa Shi Kung Fu": kung fu do Brasil.

eles terem generalizado suas aprendizagens para outros ambientes, talvez ainda se lembrassem de alguma coisa...

...de que, eu não sabia!

Em dezembro de 1998, dois anos depois, voltei à escola. Fazendo o mesmo trajeto de sempre, passei pela secretaria, pela diretoria, pela cantina, pela sala de professores, até chegar ao pátio onde, na hora do recreio, esperei ansiosa pelo sinal. Estando a maioria deles na 7ª série, foram chegando, um a um, sorrindo: "Oi, psôra! Lembra de mim?". Logo, um bolo de adolescentes "grandalhões" se amontoou ao meu redor, como antes, só que, agora, eles é que tinham de abaixar para me cumprimentar, com beijos e abraços apertados. As "minhas crianças" já não tinham mais a aparência de crianças, nem eu, tampouco, tinha a mesma idade (mas continuava com os mesmos mil e seiscentos milímetros de altura!). Era como se tivéssemos ficado apenas alguns dias sem nos encontrar, tamanha a relatividade do tempo quando as experiências são significativas.

Com a aprovação da direção da escola, combinamos uma "reunião dos ex-alunos de kung fu" para o dia seguinte. Esse nosso encontro foi a confirmação das entrevistas feitas. As falas deles foram tão ricas que, na verdade, todas elas deveriam ser transcritas neste livro. Entretanto, apresento apenas alguns trechos de suas respostas à pergunta que lhes fiz: "Há dois anos não nos vemos. Vocês se lembram dos nossos encontros? Do que é que vocês se lembram? O que é que ficou das aulas de kung fu?"[*].

— Lembro que a gente trabalhava não só o corpo... trabalhava o corpo e a mente também.

— Quanto mais a gente se apegava no kung fu, mais a gente queria fazer. O ruim é que acabava [as aulas].

— ... que você escrevia versos na lousa e a gente fazia debate, né, a gente falava...

---

[*] Este encontro foi filmado e gravado integralmente, e encontra-se à disposição em meu arquivo particular de dados coletados durante a pesquisa.

— A maioria das vezes, muita gente conversa tudo na malícia, falando mal dos outros... mas a gente não, né... queria sempre se aprofundar...

— ... os caras [das outras classes] ficavam tirando sarro, tinham inveja, só porque eles não tinham aula. Falavam: "Você não vai usar isso aí! Não faz isso aí não". Ficavam botando idéia na cabeça da gente... mas eu falava: "Não. Eu vou aprender, porque eu quero tentar ter um pouco mais de conhecimento".

— É isso aí, psôra. Eles falavam que kung fu... era coisa de frutinha, mas a gente não ligava, porque a gente sabia o que nós tava fazendo lá em cima [na quadra]... nós tava tendo consciência do que nós tava fazendo...

— ... o kung fu é mais construtivo, porque você só pensa naquilo [que está fazendo], não pensa nas coisas da rua... quando a gente fica conversando um com o outro, só fala besteira, mas quando a gente tava lá [nas aulas]... cresce a mente, sabe, psôra.

— E não é só porque você faz uma arte marcial que você vai sair batendo. Você sai na rua, não... sendo o bonzão. Não... querendo mostrar. Você tá consciente que aquela arte marcial é pra se defender.

— Ou, senão, alguém pede pra você fazer, eu falo: "Não, vai na aula um dia pra você ver como é que é bom".

— Antes, psôra, a gente tinha consciência do que a gente tava fazendo na escola, e hoje não, psôra, pelo amor de Deus!

— ... eu achava muito interessante pra... aprender... sentir no corpo o que era kung fu e guardava na cabeça também aqueles versos que você colocava na lousa... debatia... e a maneira que você conversava... não era só pra aprender o kung fu, também a ter um pouco mais de educação.

— E quantas vezes a gente já foi no condomínio lá, treinar na quadra... e as pessoas passavam, tiravam sarro da gente, mas a gente nem ligava.

— Todo dia, de manhã, a gente treinava... as outras [disciplinas] a gente se reunia só pra trabalho, só pra tirar nota.

— [gostávamos] do relaxamento... e das pirâmides...

— E tinha aquele exercício, que fazia assim [demonstrou], que era pra soltar tudo o que era de mal... solta toda a raiva que você tiver... solta tudo.

— ... a senhora não era só professora, né, a senhora conversava como amiga. Não era só, tipo, a senhora jogar a bola lá pra gente jogar, e pronto. A senhora não, a senhora conversava... ensinava o certo e o errado...

Com a minha mediação, eles foram dizendo tudo de que se lembravam, até que, num dado momento da conversa, eu perguntei:

— Pelo jeito, vocês se lembram de muita coisa que a gente fazia. Pelo que vocês estão falando aqui, vocês se lembram de muita coisa, né. E... por que é que vocês se lembram dessas coisas?

— Olha, psôra, eu, pelo menos, sou assim: a gente só guarda o que é bom pra gente.

— É, o que gosta.

— E o que é bom, que cresceu junto com a gente, a gente guarda.

— Por que não foi um ano qualquer. Foi uma coisa muito legal.

— Aquele tempo não era um tempo que nem hoje. (...) Foi um tempo muito calmo aquele.

— Aquele ano... eu tenho certeza que pra todo mundo aqui também, mas, pra mim, foi especial aquele ano.

— Os professores, eles falam assim com a gente, por exemplo, tem a história do Joãozinho e Maria. Aí ele fala: "Olha, o Joãozinho não pode fazer assim". Você era diferente, você chegava e falava: "Você, F.". Você falava *com* a gente.

— E tinha professor que... só ofendia, falava: "Moleque, seu vagabundo, você não faz nada...". Não era igual a senhora. Agora, elas, ou tinha vergonha ou não gostava de nós.

— O kung fu também era um incentivo a mais pra gente vir na escola.

— No kung fu, você tenta ajudar a pessoa que não tá conseguindo. No futebol, não, você já manda embora e já arranja outro.

— No futebol, tinha muita falta de educação: "Ah, você não sabe jogar, vai tomar naquele lugar". Agora, quando a gente tava treinando [kung fu], ninguém falava. Por exemplo, quando alguém caía na pirâmide... todo mundo ajudava a levantar, "Ô, vamos fazer de novo, eu ensino você". Dava risada, mas não xingava.

— Quando a gente fazia kung fu, todo mundo era muito amigo, um ajudava o outro, tentava ajudar, pelo menos, pra ver se a pessoa conseguia... todo mundo erra... ninguém é perfeito.

— Ou, senão, tinha aquelas brincadeiras que você falava, e era pra gente pensar... era maior legal, a gente fica quietinho, lá, pensando... Você ia falando e a gente ficava, tipo, você falava dum bicho e a gente ficava pensando como é que ele fazia...

— Eu tenho certeza que essa mudança minha, assim, de um ano pra outro, foi graças a você. Porque eu lembro, quando eu discuti com o professor C., eu lembro que fiquei sentado, embaixo da trave, abaixei a cabeça, assim... aí você veio, começou a conversar comigo... você perguntou por que é que eu tinha discutido com ele... Eu falei assim: "É porque eu não gostava dele... não ia com a cara dele... na classe ele queria ser o bonzão, eu não podia falar nada que ele achava ruim...". Aí eu comecei a falar isso tudo pra você... você começou a dar uns conselhos pra mim... aí, no dia seguinte, eu cheguei pra ele, pedi desculpa pra ele... comecei a sentir que fugir da raia não era o certo. O certo era chegar e conversar, cara a cara, com quem eu não gostava e com quem eu gostava, e falar o que eu sentia e o que eu não sentia pela pessoa. Por isso, acho que eu... (gaguejando e com lágrimas nos olhos), eu devo a você ainda.

Dois anos depois, lembraram-se das posturas e seqüências de movimentos? Das datas e dos fatos históricos? Recitaram, na íntegra, algum provérbio? Não. *O que eles tinham guardado de cor ("no coração") era a relação que existia entre todos nós.* Fica claro que o que marcou e ajudou aqueles alunos não foram "apenas" os movimentos do kung fu. Os exercícios exigiam autodisciplina, aumentavam a capacidade de concentração, elevavam a auto-estima, aprimoravam os mecanismos proprioceptivos e exteroceptivos e criavam situações que necessitavam da garra e da perseverança para atingir seus objetivos. Porém, foi a filosofia, que está por trás dessa arte, um dos fatores que desencadearam sua predisposição para aprender significativamente❧ (inclusive os conteúdos de outras disciplinas).

❧ A essência do processo de aprendizagem pressupõe que o aluno manifeste uma predisposição para relacionar, significativa e não arbitrariamente, o material significativo com sua estrutura cognitiva. Portanto, não é suficiente que o objeto da aprendizagem seja significativo. É preciso que o aluno se predisponha a aprender significativamente. *In*: Ausubel, David P. *Psicología educativa: un punto de vista cognoscitivo.* México, Trillas, 1978.

O ensino, no Brasil, carece de modificações. Pode parecer um paradoxo *renovar* com algo que é *milenar*, porém o kung fu mostra-se como uma ponte de ligação entre esses dois pólos complementares. Construir parte dessa "ponte" foi um dentre os vários motivos internos que me impulsionaram a fazer este trabalho. Procurando identificar esses motivos, várias vezes me deparei com uma mesma pergunta: "Por que estou empreendendo um trabalho dessa natureza?". Ensaiando respostas, pensava: "Para contribuir com a educação... não; para divulgar os benefícios da arte marcial... também não; então, deve ser para...". Assim, todas as respostas me diziam "para que" eu estava empreendendo a pesquisa. Eu queria saber "o porquê". Somente quando me aprofundei nas leituras é que encontrei, em Manuel Sérgio[53], a resposta:

> ...a existência do ser implica a sua realização. Para ser mais, importa não só conhecer mais, mas amar mais, numa práxis integral em que todo o ser se movimenta para o amor. *Com efeito, sem amor, sem a consciência da indispensabilidade dos outros em nós e para nós, a vida humana quase não tem expressão.* Efectivamente, ser homem não indica um estado, mas um processo de transcensão ininterrupta. No entanto, o amor é consubstancial a este acto de transcensão, como a seiva que dá vigor e sentido ao trajecto inteiro de uma vida. (Grifo meu.)

Por que empreendi um trabalho dessa natureza?

Por amor.

O amor é o sentido do meu caminhar. Não é um gostar ou deixar de gostar. Não é uma preferência. Não é uma opção, nem uma decisão. Weill afirma que "é um sentimento de felicidade de propiciar felicidade ao outro, de alegria de ver o outro alegre, de sentir o sofrimento do outro e de querer aliviá-lo"[54].

A esse "outro", às vezes, chamo de *Tao*. Posso também chamar de Universo. Mas, geralmente, chamo de Deus. Não é, portanto, um

---

53. Sérgio, Manuel. *Motricidade humana — uma nova ciência do homem!, op. cit.,* p. 10.

54. Weill, Pierre. "Nova lógica, novo amor". *In*: Brandão, Dênis M. S. e Crema, R. (orgs.). *O novo paradigma holístico: ciência, filosofia, arte e mística.* 2ª ed. São Paulo, Summus, 1991, p. 155.

dom ou privilégio de uma pessoa ou da minha pessoa. É simplesmente o "sentimento-motor" que pode levar qualquer educador ao prazer de relacionar-se com seus alunos.

Por que um trabalho dessa natureza?

Porque o amor que sinto faz com que eu tenha esperança na raça humana, no planeta Terra e em todas as manifestações de vida. Mas, é claro, esse sentimento de pertinência a um Todo Supremo, que engloba em seu seio todas as coisas não é, de forma alguma, algo novo, produto do nosso tempo[55]:

> Essa mesma consciência que hoje nasce foi no passado pressentida por muitos filósofos e místicos. Entre eles, podemos alinhar Hermes Trimegistos, há 6000 anos, os pré-socráticos na Grécia, Platão, os neoplatônicos em Alexandria no século III da nossa era; Giordano Bruno, Jacob Boehme, entre outros, na Idade Média. Essa mesma visão de totalidade está nitidamente manifesta no taoísmo da China, no budismo de várias escolas, nos upanishades da Índia. Pode-se afirmar que essa idéia subjaz em todas as culturas e épocas.

Diante de toda crise científica, das catástrofes naturais, das descobertas da física quântica, dos avanços da biogenética, das propostas de uma educação holística, dos movimentos ecológicos de toda ordem, podemos afirmar que estamos caminhando para uma "nova" consciência?

Caminhando estamos, pois a essência do viver é o constante movimento. Mas a questão é:

> *No início de um novo milênio,*
> *caminhamos para uma "nova(?)" consciência*
> *ou, simplesmente, abrimos janelas para que*
> *"A Consciência" se manifeste?*

---

55. Brandão, Dênis M. S. e Crema, R. (orgs.). *Visão holística em psicologia e educação.* 2ª ed. São Paulo, Summus, 1991, p. 151.

ANEXO

Os exercícios a seguir fazem parte de um material de apoio aos treinamentos, entregue aos alunos do grupo experimental. As explicações (ao lado de cada figura) destinadas àqueles que já estavam familiarizados com os exercícios e os nomes de cada posição foram mantidas em sua redação original.

A) Exercícios de aquecimento — rotação das articulações

1. Sentados, perna direita flexionada e esquerda estendida. Flexionar e estender os dedos do pé esquerdo (dez vezes). Repetir o exercício com o pé direito.

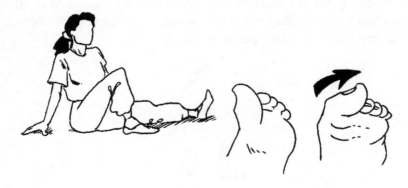

2. Apoiar o tornozelo esquerdo sobre a coxa direita. Com as mãos, girar o pé esquerdo em sentido horário (dez vezes) e anti-horário (dez vezes). Repetir o exercício com o pé direito.

3. Cruzar as pernas e ficar em pé, sem apoiar as mãos no chão.

4. Posição de sentido (punhos fechados na altura da cintura, forçando um cotovelo em direção ao outro, nas costas). Erguer a perna direita, mantendo o joelho o mais elevado possível. Girar a perna, do joelho para baixo, em sentido horário (dez vezes) e anti-horário (dez vezes). Repetir o exercício com a perna esquerda.

5. Pernas e braços afastados, em posição de crucifixo. Girar o braço direito em sentido horário (dez vezes), passando pelo alto da cabeça, indo para o lado esquerdo, passando rente ao chão e voltando novamente para a posição de crucifixo. Repetir o exercício em sentido anti-horário (dez vezes). Lembrete: os braços ficam sempre em linha reta.

6. Posição de crucifixo. Girar os ombros para a frente (dez vezes) e para trás (dez vezes).

7. Girar os braços para a frente (dez vezes) e para trás (dez vezes).

8. Braços estendidos à frente do tronco. Girar os pulsos para dentro (dez vezes) e para fora (dez vezes).

9. Braços estendidos à frente do tronco. Abrir e fechar as mãos rapidamente, como se os dedos explodissem para fora (dez vezes).

10. Girar a cabeça em sentido horário (dez vezes) e anti-horário (dez vezes).

B) SAN SIN (Três Estrelas) — Exercícios tradicionais do kung fu — Estilo da Serpente

1. Posição de sentido. Mapu (cavalo). Arco positivo (ou arco e flecha) voltado para a esquerda. Alternar braços acima da cabeça: direito, esquerdo e direito. Virar para a direita e alternar braços: esquerdo, direito e esquerdo. Repetir o exercício completo (seis vezes).

2. Sentido. Mapu. Arco positivo voltado para a esquerda. Ponta dos dedos unidas e punho totalmente flexionado. Braço direito estendido acima da cabeça e braço esquerdo abaixo, ao longo do corpo. Forçar os braços para trás (três vezes). Segurar o pé esquerdo com a mão direita, olhando para cima. Voltar à posição anterior e forçar os braços mais uma vez para trás. Virar para a direita e repetir a seqüência completa (seis vezes).

3. Sentido. Mapu (forçar três vezes para baixo). Arco positivo voltado para a esquerda (forçar três vezes para baixo). Recuar a postura para arco negativo, ainda voltado para a esquerda (forçar três vezes para baixo). Voltar à posição mapu e repetir a mesma seqüência para o lado direito. Repetir o exercício completo (seis vezes).

4. Sentido. Mapu. Flexionar totalmente a perna esquerda e estender a direita. Sola dos pés inteira no chão. Mão esquerda na linha da cintura, com a palma para cima. Mão direita apontando para o pé direito, com a palma para baixo (forçar três vezes para baixo). Continuar com a perna esquerda flexionada, indo para arco positivo para a esquerda e braços estendidos acima da cabeça, forçando para trás (três vezes). Voltar em mapu e repetir o movimento para o outro lado (repetir a seqüência completa (seis vezes).

5. Sentido. Estender a perna direita à frente do tronco. Girá-la para trás, olhando para a planta do pé direito, por cima do ombro esquerdo. Voltar a perna estendida para a frente do tronco e unir novamente os pés. Fazer o mesmo movimento com a perna esquerda. Repetir a seqüência completa (seis vezes).

6. Pernas e braços afastados, em crucifixo. Mão direita protegendo a axila esquerda, com a palma da mão voltada para fora. Braço esquerdo estendido acima da cabeça. Flexionar a perna esquerda e estender a direita, voltando a ponta do pé direito para cima. Descer o tronco à direita, tentando tocar a mão esquerda no pé direito. Fazer o mesmo movimento para o outro lado e repetir a seqüência completa (seis vezes).

BIBLIOGRAFIA

A era da consciência. *Isto É*. São Paulo, Ed. Três, nº 1425, jan. 1997.

ALLISON, Robert E. *Understanding the Chinese mind: the philosophical roots*. Hong Kong, Oxford University Press, 1989.

ALMEIDA, José Júlio Gavião de. *Estratégias para a aprendizagem esportiva: uma abordagem pedagógica da atividade motora para cegos e deficientes visuais*. Campinas, Unicamp, Faculdade de Educação Física, 1995. (Tese de Doutoramento.)

ANDRADE, M. L. A. *Distúrbios psicomotores: uma visão crítica*. São Paulo, EPU, 1984.

AQUINO, José Maria de. Agora vai?: nova LDB mantém a obrigatoriedade, mas não resolve questões fundamentais da educação física. *Revista Educação*. Ano 23, nº 193, maio, 1997.

AQUINO, Julio G. *Confrontos na sala de aula: uma leitura institucional da relação professor-aluno*. São Paulo, Summus, 1996.

_____. *Indisciplina na escola: alternativas teóricas e práticas*. 4ª ed. São Paulo, Summus, 1996.

_____. *Erro e fracasso na escola: alternativas teóricas e práticas*. São Paulo, Summus, 1997.

ARRIEN, Angeles. *O caminho quádruplo: trilhando os caminhos do guerreiro, do mestre, do curador e do visionário*. São Paulo, Ágora, 1997.

ASSMANN, Hugo. *Paradigmas educacionais e corporeidade*. Piracicaba, Unimep, 1994.

AUSUBEL, David P. *Psicología educativa: un punto de vista cognoscitivo*. México, Trillas, 1978.

BACHRACH, Arthur Jr. *Introdução à pesquisa psicológica*. São Paulo, Herder, 1972.

BARBIZET, J. e DUIZABO, Ph. *Manual de neuropsicologia*. São Paulo, Masson, 1985.

BEE, Hellen. *O ciclo vital*. Porto Alegre, Artes Médicas, 1997.

BERK, William R. *Chinese healing arts: internal kung-fu*. Burbank, EUA, Unique, 1986.

BERTHERAT, Therese. *O corpo tem suas razões: antiginástica e consciência de si.* 7ª ed. São Paulo, Martins Fontes, 1983.

BLOFELD, John. *Taoísmo: o caminho para a imortalidade.* São Paulo, Pensamento, 1994.

BOFF, Leonardo. *A águia e a galinha: uma metáfora da condição humana.* 24ª ed. Petrópolis, Vozes, 1997.

_____. *O despertar da águia: o dia-bólico e o sim-bólico na construção da realidade.* 2ª ed. Petrópolis, Vozes, 1998.

BOLEN, Jean S. *A sincronicidade e o Tao.* São Paulo, Cultrix, 1988.

BOND, Michael Harris (ed.). *The psychology of the Chinese people.* Hong Kong, Oxford University Press, 1986.

BRANDÃO, Dênis. *O novo paradigma holístico: ciência, filosofia, arte e mística.* 2ª ed. São Paulo, Summus, 1991.

BRANDÃO, Dênis M. S. e CREMA, R. (orgs.). *Visão holística em psicologia e educação.* 2ª ed. São Paulo, Summus, 1991.

BRANDÃO, Maria Regina F. *Equipe nacional de voleibol masculino: um perfil sociopsicológico à luz da ecologia do desenvolvimento humano.* Santa Maria, Universidade Federal de Santa Maria, Faculdade de Educação Física, 1996. (Dissertação de mestrado.)

BRANQUINHO, João Luiz. Tai chi chuan: arte marcial ou terapia? *Revista Artsports,* fev.-mar. 1995.

BRINGUIER, Jean-Claude. *Conversando com Jean Piaget.* 2ª ed. Rio de Janeiro, Bertrand Brasil, 1993.

BRONFENBRENNER, Urie. *A ecologia do desenvolvimento humano: experimentos naturais e planejados.* Porto Alegre, Artes Médicas, 1996.

BURGOS, Ênio. Aids: Imuno *versus* humanodeficiência. *Bodigaya.* Ano 2, nº 4, 1998.

BUSQUETS, M. D. *et al. Temas transversais em educação: bases para uma formação integral.* São Paulo, Ática, 1997.

CAMPBELL, Donald Thomas e STANLEY, Julian C. *Delineamentos experimentais e quase-experimentais de pesquisa.* São Paulo, EPU, 1979.

CAPORALI, Renato. Uma educação para a formação ética. *Dois pontos: teoria e prática em educação.* V. 4, nº 34, 1997.

CAPRA, Fritjof. The concept of paradigm and paradigm shift. *Re-vision.* v. 9, nº 1, 1986.

_____. *O Tao da física.* 14ª ed. São Paulo, Cultrix, 1992.

_____. *O ponto de mutação.* 16ª ed. São Paulo, Cultrix, 1994a.

_____. *Ecology and comunity.* Berkeley, Center for Ecoliteracy, 1994b.

_____. *From the parts to the whole: systems thinking in ecology and education.* Berkeley, Center for Ecoliteracy, 1994c.

CAPRA, Fritjof e STEINDL-RAST, David. *Pertencendo ao universo: explorações nas fronteiras da ciência e da espiritualidade.* São Paulo, Cultrix, 1994.

CAPRA, Fritjof (org.). *Guide to ecoliteracy: a new context for school restructuring*. Berkeley, Center for Ecoliteracy, 1996.

_____. *A teia da vida: uma nova compreensão científica dos sistemas vivos*. São Paulo, Cultrix, 1997.

CARDOSO, Ofélia B. *Problemas da adolescência*. 6ª ed. São Paulo, Melhoramentos, 1969.

CARRÉR, Janete. Síndrome da 5ª série: Vínculo e aprendizagem. *Revista da Associação Brasileira de Psicopedagogia*, v. 14, nº 33, 1995.

CARVALHO, Patrícia. A indisciplina nossa de cada dia. *Revista Educação*, ano 23, nº 193, maio, 1997.

CASTELLANI FILHO, Lino. *Educação física no Brasil: a história que não se conta*. 3ª ed. Campinas, Papirus, 1991.

CHAUI, Marilena S. *Da realidade sem mistérios ao mistério do mundo: Espinosa, Voltaire, Merleau-Ponty*. 2ª ed. São Paulo, Brasiliense, 1981.

CHIA, Montak. *A energia curativa através do Tao: o segredo da circulação de nossa força interior*. 5ª ed. São Paulo, Pensamento, 1994.

CHING, Eugene. *201 Chinese verbs*. Nova York, Barron's Educational Series, 1977.

CHOW, David e SPANGLER, Richard. *Kung fu: history, philosophy and technique*. Estados Unidos, Unique Publications, 1982.

CLIFFORD, Terry. *A arte de curar no budismo tibetano*. São Paulo, Pensamento, 1995.

COHEN, Claudio. *Provérbios e o inconsciente*. São Paulo, Casa do Psicólogo, 1991.

COLL, C. *et al. Construtivismo na sala de aula*. 4ª ed. São Paulo, Ática, 1998.

COLL, C., PALÁCIOS, J. e MARCHESI, A. (org.). *Desenvolvimento psicológico e educação: psicologia evolutiva*. Porto Alegre, Artes Médicas, 1995, v. 1.

_____. *Desenvolvimento psicológico e educação: psicologia da educação*. Porto Alegre, Artes Médicas, 1996, v. 2.

COLL, César. *Psicologia e currículo: uma aproximação psicopedagógica à elaboração do currículo escolar*. 2ª ed. São Paulo, Ática, 1997.

Conceitos para se fazer educação ambiental. 2ª ed. São Paulo, Secretaria do Meio Ambiente, Coordenadoria de Educação Ambiental, 1997.

CONFÚCIO. *Os anacletos*. São Paulo, Pensamento, s/d.

COTRIM, Gilberto. *Fundamentos da filosofia: ser, saber e fazer*. 13ª ed. São Paulo, Saraiva, 1997.

CREMA, Roberto. *Introdução à visão holística: breve relato da viagem do velho ao novo paradigma*. 4ª ed. São Paulo, Summus, 1989.

D'AMBRÓSIO, Ubiratan. *A era da consciência: aula inaugural do primeiro curso de pós-graduação em ciências e valores humanos no Brasil*. São Paulo, Fundação Peirópolis, 1997.

DA LIU. *T'ai chi chuan e meditação*. São Paulo, Pensamento, 1990.

DAO, Deng Ming. *Scholar warrior: an introduction to the Tao in everyday life*. Nova York, Harper Collins Publishers, 1990.

DE MARCO, Ademir (org.). *Pensando a educação motora*. Campinas, Papirus, 1995.

DE MEUR, A. e STAES, L. *Psicomotricidade: educação e reeducação*. São Paulo, Manole, 1984.

DECI, Edward L. *Por que fazemos o que fazemos: entendendo a automotivação*. São Paulo, Negócio, 1998.

DESPEUX, Catherine. *Tai-chi chuan: arte marcial, técnica da longa vida*. 5ª ed. São Paulo, Pensamento, 1993.

DI BIASI, Francisco. *O homem holístico: a unidade mente-natureza*. Petrópolis, Vozes, 1995.

DREHER, Diane. *O Tao da paz: guia para a paz interior e exterior*. Rio de Janeiro, Campus, 1991.

DYCHTWALD, Ken. *Corpomente: uma síntese dos caminhos do Oriente e do Ocidente para a autoconsciência, saúde e crescimento pessoal*. 3ª ed. São Paulo, Summus, 1984.

EBERHARD, Wolfram. *A dictionary of Chinese symbols: hidden symbols in Chinese life and thought*. Londres, Routledge & Koogan Paul Ltd., 1993.

ESPINOSA, Benedictus. *Tratado da reforma da inteligência*. São Paulo, Nacional, 1966.

FADIMAN, James e FRAGER, Robert. *Teorias da personalidade*. São Paulo, Harbra, 1986.

FAZENDA, Ivani (org.). *Práticas interdisciplinares na escola*. São Paulo, Cortez, 1991.

_____. *Interdisciplinaridade: história, teoria e pesquisa*. Campinas, Papirus, 1994.

_____. *A pesquisa em educação e as transformações do conhecimento*. Campinas, Papirus, 1995.

FERGUSON, Marilyn. *A conspiração aquariana*. Rio de Janeiro, Record, s/d.

FERNÁNDEZ, Alícia. *A mulher escondida na professora: uma leitura psicopedagógica do ser mulher, da corporalidade e da aprendizagem*. Porto Alegre, Artes Médicas, 1994.

FLEURI, Reinaldo Matias. *Educar para quê? Contra o autoritarismo da relação pedagógica na escola*. 7ª ed. revisada. São Paulo, Cortez, 1994.

FONSECA, Vítor da. *Manual de observação psicomotora: significação psiconeurológica dos fatores psicomotores*. Porto Alegre, Artes Médicas, 1995.

FONTANELLA, Francisco Cock. *O corpo no limiar da subjetividade*. Campinas, Unicamp, Faculdade de Educação, 1985. (Tese de doutoramento.)

FOUCAULT, Michel. *Vigiar e punir: história da violência nas prisões*. 11ª ed. Petrópolis, Vozes, 1994.

FREIRE, João Batista. *Educação de corpo inteiro: teoria e prática da educação física*. São Paulo, Scipione, 1991.

FREIRE, Paulo. *Educação como prática da liberdade*. 6ª ed. Rio de Janeiro, Paz e Terra, 1976.

_____. *Conscientização: teoria e prática da libertação: uma introdução ao pensamento de Paulo Freire*. São Paulo, Moraes, 1980.

_____. *Pedagogia do oprimido*. Rio de Janeiro, Paz e Terra, 1983.

FULDER, Stephen. *O Tao da medicina: ginseng, remédios orientais e farmacologia da harmonia*. São Paulo, Ibrasa, 1986.

GARCIA, M. C. *A paz: as contribuições de Gandhi para a crise do mundo atual*. São Paulo, Navegar, 1995.

GARDNER, Howard. *Estruturas da mente: a teoria das inteligências múltiplas*. Porto Alegre, Artes Médicas, 1994.

_____. *Inteligências múltiplas: a teoria na prática*. Porto Alegre, Artes Médicas, 1995.

_____. *As artes e o desenvolvimento humano*. Porto Alegre, Artes Médicas, 1997.

GEISSMANN, Pierre. *Métodos de relaxação*. São Paulo, Loyola, 1987.

GOLDSTEIN, Sam. *Hiperatividade: como desenvolver a capacidade de atenção da criança*. Campinas, Papirus, 1994.

GOLEMAN, Daniel. *Inteligência emocional: a teoria revolucionária que redefine o que é ser inteligente*. 3ª ed. Rio de Janeiro, Objetiva, 1996.

_____. *A mente meditativa: as diferentes experiências meditativas no Oriente e no Ocidente*. 5ª ed. São Paulo, Ática, 1997.

GONÇALVES, Maria Augusta Salin. *Sentir, pensar, agir: corporeidade e educação*. Campinas, Papirus, 1994.

GUNTHER, Bernard. *Sensibilidade e relaxamento*. 6ª ed. São Paulo, Brasiliense, 1989.

HABERSETZER, R. *Kung fu originel: l'épopée de la main de fer*. Paris, Amphora, 1985.

_____. *Tai Ji Quan: esporte e cultura*. São Paulo, Pensamento, 1994.

HAMMITZSCH, Horst. *O zen na arte da cerimônia do chá*. São Paulo, Pensamento, 1987.

HERNÁNDEZ, Fernando. *Transgressão e mudança na educação: os projetos de trabalho*. Porto Alegre, Artes Médicas, 1998.

HERNÁNDEZ, Fernando e VENTURA, Montserrat. *A organização do currículo por projetos de trabalho*. 5ª ed. Porto Alegre, Artes Médicas, 1998.

HILLAL, J. *Relação professor-aluno: formação do homem consciente*. São Paulo, Paulinas, 1985.

HOLANDA FERREIRA, Aurélio Buarque de. *Novo dicionário Aurélio da língua portuguesa*. 2ª ed. Rio de Janeiro, Nova Fronteira, 1986.

HONDA, Charlotte M. Cultural diversity: tai chi chuan and Laban movement analysis. *Joperd*, fev. 1995.

HU, Jerome P. e LEE, Stephen C. (ed.). *Basic Chinese vocabulary: a handy reference of everyday words arranged by topics*. Illinois, EUA, Passport Books, 1996.

HUANG, Al Chung-liang e LINCH, Jerry. *O Tao do esporte: os preceitos do taoísmo adaptados ao ritmo ocidental, para uma vida mais dinâmica e saudável*. São Paulo, Círculo do Livro/Nova Cultural, 1992.

HUANG, Al Chung-liang. *Expansão e recolhimento: a essência do t'ai chi*. São Paulo, Summus, 1973.

214

HUARD, Pierre e WONG, Ling. *Cuidados e técnicas do corpo na China, no Japão e na Índia*. São Paulo, Summus, 1990.

I Ching: o livro das mutações. 15ª ed. Tradução e comentários de Richard Wilhelm. São Paulo, Pensamento, 1992.

JAHARA-PRADIPTO, Mário. *Zen shiatsu: equilíbrio energético e consciência do corpo*. São Paulo, Summus, 1986.

JANTCH, A. P. e BIANCHETTI, L. *Interdisciplinaridade: para além da filosofia do sujeito*. 2ª ed. Petrópolis, Vozes, 1995.

JOHNSON, Robert A. *She: a chave do entendimento da psicologia feminina: uma interpretação baseada no mito de eros e psique, usando conceitos psicológicos junguianos*. São Paulo, Mercuryo, 1993.

JUNG, C. G. e WILHELM, R. *O segredo da flor de ouro: um livro de vida chinês*. 7ª ed. Petrópolis, Vozes, 1992.

KELEMAN, Stanley. *Anatomia emocional: a estrutura da experiência*. 2ª ed. São Paulo, Summus, 1992.

KERLINGER, Fred N. *Metodologia da pesquisa em ciências sociais: um tratamento conceitual*. São Paulo, EPU, 1980.

KLEINMAN, Seymour. *Mind and body: East meets West*. Champaign, Human Kinetics, 1986.

KNELLER, George F. *Arte e ciência da criatividade*. 12ª ed. São Paulo, Ibrasa, 1994.

KNUTTGEN, H. G., QIWEI, M. e ZHONGYUAN, W. *Sport in China*. Illinois, USA, Human Kinetics Books, 1990.

KRISHNAMURTI, J. *A educação e o significado da vida*. São Paulo, Cultrix, 1993.

LA TAILLE, Yves, OLIVEIRA, Marta Kohl de e DANTAS, Heloysa. *Piaget, Vygotsky, Wallon: teorias psicogenéticas em discussão*. São Paulo, Summus, 1992.

LAKATOS, E. M. e MARCONI, M. A. *Metodologia científica*. 2ª ed. São Paulo, Atlas, 1991.

LAO-TSÉ. *Tao te king*. 4ª ed. Trad. Humberto Rohden. São Paulo, Alvorada, 1982.

_____. *Tao te king: o livro do sentido e da vida*. São Paulo, Hemus, 1983.

LAPIERRE, A. e AUCOUTURIER, B. *Fantasmas corporais e prática psicomotora*. São Paulo, Manole, 1984.

_____. *A simbologia do movimento: psicomotricidade e educação*. 2ª ed. Porto Alegre, Artes Médicas, 1986.

LE BOULCH. *Rumo a uma ciência do movimento humano*. Porto Alegre, Artes Médicas, 1987.

_____. *Educação psicomotora: a psicocinética na idade escolar*. 2ª ed. Porto Alegre, Artes Médicas, 1988.

LEFÈVRE, Antonio B. *Exame neurológico evolutivo do pré-escolar normal*. São Paulo, Sarvier, 1972.

LEGUET, Jacques. *As ações motoras em ginástica esportiva*. São Paulo, Manole, 1987.

_____. *Liangong em 18 exercícios*. São Paulo, Ícone, 1996.

LIMA, Luzia Mara Silva. *Kung fu: a essência de uma arte além da guerra*. *In:* Anais do 3º Congresso Latino-Americano do ICHPER. SD — International Council for Health, Physical Education, Recreation, Sport and Dance, Cascavel, Gráfica Universitária, 1996a.

_____. *T'ai chi chuan: a prática do Tao*. *In:* Anais do 3º Congresso Latino-Americano da ICHPER. SD — International Council for Health, Physical Education, Recreation, Sport and Dance, Cascavel, Gráfica Universitária, 1996b.

_____. Kung fu, psicodrama e educação: o expressar da espontaneidade através do t'ai chi. *In:* PUTTINI, E. F. e LIMA, L. M. S. (orgs.). *Ações educativas: vivências com o psicodrama na prática pedagógica*. São Paulo, Ágora, 1997a.

_____. *Aproximando Oriente e Ocidente: cenas de uma pesquisa de doutoramento*. *In:* Resumos do XXVI Congresso Interamericano de Psicologia. São Paulo, Imprensa Oficial, 1997b.

_____. *Caminhando para uma nova (?) consciência: uma experiência de introdução da arte marcial na educação*. Campinas, Unicamp, Faculdade de Educação, 1999a. (Tese de doutorado.)

_____. *Educating for a new (?) consciousness: an experience of introduction of the martial art in education*. *In:* Anais do 42º Congresso Mundial da ICHPER. SD — International Council for Health, Physical Education, Recreation, Sport and Dance, Egito, Minia University, 1999b.

_____. Caminhando para uma nova (?) consciência: uma experiência de introdução da arte marcial na educação — relato de experiência. *Argumento* — Revista das Faculdades de Educação, Ciências e Letras e Psicologia "Padre Anchieta" de Jundiaí, ano 2, nº 2, jul./99.

_____. Motivação em sala de aula, a mola propulsora da aprendizagem. *In:* FINI, Lucila D. T. *et al. Estudos em psicologia educacional*. Petrópolis, Vozes, (no prelo).

LÜCK, Heloísa. *Pedagogia interdisciplinar: fundamentos teórico-metodológicos*. 3ª ed. Petrópolis, Vozes, 1997.

LUCKESI, C. C. e PASSOS, E. S. *Introdução à filosofia: aprendendo a pensar*. São Paulo, Cortez, 1995.

LÜDKE, M. e ANDRÉ, M. E. D. A. *Pesquisa em educação: abordagens qualitativas*. São Paulo, EPU, 1986.

MACHADO, A. B. M. *Neuroanatomia funcional*. São Paulo, Atheneu, 1993.

MAGILL, Richard A. *Aprendizagem motora: conceitos e aplicações*. São Paulo, Edgard Blücher, 1986.

MANUEL SÉRGIO. *Motricidade humana: paradigma emergente*. Lisboa, Instituto Piaget, s/d.

_____. *Epistemologia da motricidade humana*. Lisboa, Edições FMH, s/d.

_____. *Motricidade humana: uma nova ciência do homem!* Lisboa, Desporto, s/d.

_____. *Motricidade humana: contribuições para um paradigma emergente.* Lisboa, Instituto Piaget, 1994.

MARINO JÚNIOR, Raul. *Fisiologia das emoções.* São Paulo, Sarvier, 1975.

MARKET, Christopher. *Yin-Yang: polaridade e harmonia em nossa vida.* São Paulo, Cultrix, 1992.

MARTINS, Joel e BICUDO, Maria Aparecida Viggiani. *A pesquisa qualitativa em psicologia: fundamentos e recursos básicos.* São Paulo, Moraes/EDUC, Editora da PUC-SP, 1989.

MARTINS, Joel. *Um enfoque fenomenológico no currículo: educação como poiésis.* São Paulo, Cortez, 1992.

MARX, Melvin e HILLIX, William. *Sistemas e teorias em psicologia.* 8ª ed. São Paulo, Cultrix, 1990.

MATURANA, Humberto e VARELA, F. *A árvore da vida: as bases biológicas do entendimento humano.* Campinas, Editorial Psy II, 1995.

MATURANA, Humberto. *El sentido de lo humano.* Santiago, Dolmen, 1995.

MCNEELY, Deldon Anne. *Tocar: somatoterapia e psicologia profunda.* São Paulo, Cultrix, 1989.

MERTON, Thomas. *A via de Chuang Tzu.* Petrópolis, Vozes, 1969.

_____. *Místicos e mestres zen.* Rio de Janeiro, Civilização Brasileira, 1972.

_____. *Zen e as aves de rapina.* Rio de Janeiro, Civilização Brasileira, 1972.

MINICK, Michael. *A sabedoria kung fu.* Rio de Janeiro, Artenova, 1975.

MIRANDA, C. F. e MIRANDA, M. L. *Construindo a relação de ajuda.* Belo Horizonte, Crescer, s/d.

MIYUKI, Mokusen. *A doutrina da flor de ouro.* São Paulo, Pensamento, 1990.

MOORE, Charles A. (org.). *Filosofia: Oriente e Ocidente.* São Paulo, Cultrix, 1978.

MORAIS, João Francisco Régis de. *Ecologia da mente.* Campinas, Editorial Psy, 1993.

_____. (org.). *Sala de aula: que espaço é esse?* 9ª ed. Campinas, Papirus, 1995.

_____. *Violência e educação.* Campinas, Papirus, 1995.

MOREIRA, Wagner W. *Educação física e esportes: perspectivas para o século XXI.* Campinas, Papirus, 1993.

MOREIRA, Wagner W. (org.). *Corpo presente.* Campinas, Papirus, 1995.

MORIN, Edgard. *Ciência com consciência.* Rio de Janeiro, Francisco Alves, 1995.

MOYSÉS, Lúcia. *O desafio de saber ensinar.* Campinas, Papirus, 1994.

NAKAMURA, T. *Respiração oriental: técnica e terapia.* São Paulo, Pensamento, 1989.

_____. *Nei Ching: o livro de ouro da medicina chinesa.* Rio de Janeiro, Domínio Público, s/d.

NORMAND, Henry. *Os mestres do Tao: Lao-Tzu, Lie-Tzu, Chuang-Tzu.* São Paulo, Pensamento, 1988.

NÓVOA, António (org.). *Vidas de professores.* 2ª ed. Portugal, Porto Editora, 1995.

O conhecimento da arte da guerra: Comentários de Zhuge Liang e Liu Li sobre o clássico de Sun Tzu. São Paulo, Gente, s/d.

O pensamento vivo de Buda. São Paulo, Coleção O Pensamento Vivo, Martin Claret Editores, 1985.

O pensamento vivo de Confúcio. São Paulo, Coleção O Pensamento Vivo, Martin Claret Editores, s/d.

OLIVEIRA, Gislene de Campos. *Psicomotricidade: um estudo em escolares com dificuldade em leitura e escrita.* Campinas, Unicamp, Faculdade de Educação, 1992. (Tese de doutorado.)

_____. *Psicomotricidade: educação e reeducação num enfoque psicopedagógico.* Petrópolis, Vozes, 1997.

OLIVEIRA, M. N. M. *O papel da abstração reflexiva, segundo Jean Piaget, no processo de tomada de consciência na descoberta do vínculo causal.* São Bernardo do Campo, Instituto Metodista de Ensino Superior, 1982. (Dissertação de mestrado.)

_____. *Tentativa de identificação de algumas estratégias do pensamento que levam à descoberta do vínculo causal: uma interpretação baseada na teoria de Jean Piaget.* São Paulo, USP, Instituto de Psicologia, 1988. (Tese de doutorado.)

OLIVEIRA, V. B. e BOSSA, N. A. *Avaliação psicopedagógica do adolescente.* Petrópolis, Vozes, 1998.

OLIVIER, Giovanina G. F. *Um olhar sobre o esquema corporal, a imagem corporal, a consciência corporal e a corporeidade.* Campinas, Unicamp, Faculdade de Educação Física, 1995. (Dissertação de mestrado.)

ORR, David W. *Ecological Literacy: education and the transition to a postmodern world.* Albany, State University of New York Press, 1992.

_____. *Earth in mind: on education, environment, and the human prospect.* Washington, DC, Island Press, 1994.

PAGE, Michael. *Ch'i: energia vital.* São Paulo, Pensamento, 1991.

PASCOAL, Míriam. *O prazer na escola.* Campinas, Unicamp, Faculdade de Educação, 1998. (Tese de doutorado.)

PIAGET, Jean. *A tomada de consciência.* São Paulo, Edusp, 1978.

PIMENTA, Selma Garrido (org.). *Didática e formação de professores: percursos e perspectivas no Brasil e em Portugal.* São Paulo, Cortez, 1997.

POPPER, Karl L. e ECCKLES, John C. *O eu e seu cérebro.* 2ª ed. Campinas, Papirus, 1995.

PRIGOGINE, I. e STENGERS, I. *A nova aliança: metamorfose da ciência.* Brasília, Ed. da Universidade de Brasília, 1990.

RANGEL, Mary. *Representações e reflexões sobre o "bom professor".* Petrópolis, Vozes, 1994.

RETRATO do caos. *Revista Educação,* ano 25, nº 210, out., 1998.

SALVADOR, César Coll. *Aprendizagem escolar e construção do conhecimento.* Porto Alegre, Artes Médicas, 1994.

SAMULSKI, Dietmar. *Psicologia do esporte: teoria e aplicação prática.* Belo Horizonte, Imprensa Universitária/UFMG, 1995.

SCHILDER, Paul. *A imagem do corpo: as energias construtivas da psique*. São Paulo, Martins Fontes, 1980.

SCHOLTES, Peter R. *Times da qualidade: como usar equipes para melhorar a qualidade*. Rio de Janeiro, Qualitymark, 1992.

SCHULTZ, I. H. *Exercícios de treinamento autógeno: auto-relaxamento por concentração*. São Paulo, Manole, 1989.

SCHUTZ, Will. *Profunda simplicidade: uma nova consciência do eu interior*. 2ª ed. São Paulo, Ágora, 1989.

SEVERINO, Roque Enrique. *O espírito das artes marciais*. São Paulo, Ícone, 1988.

_____. *I Ching: uma abordagem psicológica e espiritual do I Ching*. São Paulo, Ícone, 1994.

SIDMAN, M. *Táticas de pesquisa científica: avaliação dos dados experimentais na psicologia*. São Paulo, Brasiliense, 1976.

SILVA, Sônia A. I. *Valores em educação: o problema da compreensão e da operacionalização dos valores na prática educativa*. 3ª ed. Petrópolis, Vozes, 1995.

SISTO, F. F. *et al*. *Atuação psicopedagógica e aprendizagem escolar*. Petrópolis, Vozes, 1996.

SKI, Michael. *Respirando: expandindo seu poder & energia*. São Paulo, Gente, 1990.

SKINNER, B. F. *Tecnologia do ensino*. São Paulo, EPU/Edusp, 1975.

SOUZA, Elizabeth Paoliello Machado de. *A busca do autoconhecimento através da consciência corporal: uma nova tendência*. Universidade Estadual de Campinas, Faculdade de Educação Física. Campinas, 1992. (Dissertação de mestrado.)

SUN TZU. *A arte da guerra*. São Paulo, Cultura Editores Associados, 1994.

SUZUKI, D. T., FROMM, E. e MARTINHO, R. *Zen budismo e psicanálise*. São Paulo, Cultrix, 1960.

Tai chi chuan: uma variação do kung fu. São Paulo, Ícone, 1995.

TANI, Go. Cinesiologia, educação física e esporte: Ordem emanente do caos na estrutura acadêmica. *Motus Corporis*, v. 3, nº 2, dez. 1996, pp. 9-49.

_____. *Aspectos básicos do esporte e a educação motora*. In: Venâncio, S. *et al*. Anais do I Congresso Latino-Americano de Educação Motora e II Congresso Brasileiro de Educação Motora. Campinas, Unicamp/FEF/DEM, 1998.

THOMAS CLEARY. *O essencial de Confúcio: um compêndio de sabedoria ética*. São Paulo, Best Seller, s/d.

TOJAL, João Batista. *Motricidade humana: o paradigma emergente*. Campinas, Ed. da Unicamp, 1994.

TRAIN, Alan. *Ajudando a criança agressiva: como lidar com crianças difíceis*. Campinas, Papirus, 1997.

TSAI, Chih Chung. *Zen em quadrinhos*. Rio de Janeiro, Ediouro, 1997a.

_____. *Tao em quadrinhos*. Rio de Janeiro, Ediouro, 1997b.

_____. *A arte da guerra em quadrinhos*. Rio de Janeiro, Ediouro, 1998.

VÁRIOS AUTORES. *The Chinese way to a long and healthy life: diet, exercise, massage*. Beijing, China, Asiapac/Singapore, 1988.

VAYER, P. *A criança diante do mundo: na idade da aprendizagem escolar*. Porto Alegre, Artes Médicas, 1982.

WALLON, Henri. *A evolução psicológica da criança*. Rio de Janeiro, Editorial Andes, s/d.

WATTS, Alan W. *Psicoterapia oriental e ocidental*. Rio de Janeiro, Record, 1972.

WEIL, P., D'AMBROSIO, U. e CREMA, R. *Rumo à nova transdisciplinaridade: sistemas abertos de conhecimento*. São Paulo, Summus, 1993.

WEN, Tom Sintan. *Acupuntura clássica chinesa*. São Paulo, Cultrix, 1992.

WEREBE, M. J. G. e NADEL-BRULFET, J. *Heri Wallon*. São Paulo, Ática, 1986.

WILBER, Ken (org.). *O paradigma holográfico e outros paradoxos: explorando o flanco dianteiro da ciência*. São Paulo, Cultrix, 1994.

_____. *O espectro da consciência*. São Paulo, Cultrix, 1997.

WILLHELM, Richard. *A sabedoria do I Ching: mutação e permanência*. São Paulo, Pensamento, 1989.

Wu Shu: o guia chinês para a saúde e o preparo físico da família. São Paulo, Círculo do Livro, 1981.

WU, Jyh-Cherng. *Tai chi chuan: a alquimia do movimento*. 4ª ed. Rio de Janeiro, Mauad, 1998.

XING YAN (ed.). *Shaolin Kung Fu: treaseure of the Chinese nation: the best of Chinese wushu*. China, Editorial Commitee of Shaolin Kung Fu, s/d.

YU DEYUN. *The Shaolin kung fu of China*. China, Hong Kong Huan Yu Publishing House, 1992.

YUS, Rafael. *Temas transversais: em busca de uma nova escola*. Porto Alegre, ArtMed, 1998.

ZABALA, Antoni. *A prática educativa: como ensinar*. Porto Alegre, ArtMed, 1998.

ZAOHUA, E. *Wushu kung fu*. São Paulo, Ground, 1988.

ZAZZO, René. *Manual para o exame psicológico da criança*. São Paulo, Mestre Jou, 1981.

ZELAM, Karen. *Os riscos do saber: obstáculos do desenvolvimento à aprendizagem escolar*. Porto Alegre, Artes Médicas, 1993.

ZHENBANG, Ma. *Kung-fu wu shu: Dez exercícios de projeção de pernas*. São Paulo, Sampa, 1995.

_____. *Ten routine Spring Leg*. Hong Kong, Kung Fu Series 6, Hai Feng Publishing Company, 1983.

Luzia Mara é doutora em psicologia educacional pela Unicamp, e o texto deste livro é baseado em sua tese de doutorado.

Sua prática profissional está ligada à Faculdade de Educação Padre Anchieta, em Jundiaí — SP, da qual é diretora e coordenadora-geral do Centro de pós-graduação.

Luzia Mara se tornou conhecida tanto por sua atuação no kung fu, como pelas palestras dinâmicas que ministra no Brasil e no exterior, baseadas em suas experiências e conhecimentos em psicodrama, psicopedagogia e filosofia oriental e no t'ai chi chuan.

Foi campeã mundial de kung fu em 1995, na China; campeã internacional em 1993, em Los Angeles; campeã sul-americana em 1994, no Peru; e tetracampeã brasileira entre 1992 e 1995.

É uma das organizadoras e co-autora de outro livro da Ágora, *Ações educativas*, publicado em 1997, uma coletânea de artigos sobre a utilização do psicodrama na área de educação.

e-mail: luziamara@hotmail.com.br

www.gruposummus.com.br

IMPRESSO NA
sumago gráfica editorial ltda
rua itauna, 789   vila maria
02111-031   são paulo   sp
tel e fax 11 **2955 5636**
sumago@sumago.com.br

GRÁFICA